自分と会社を成長させる7つの力

パワー

Seven Powers to Develop Yourself and Your Company

新 将命【著】
Masami Atarashi

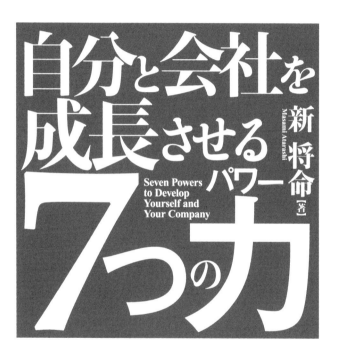

はじめに

企業の運命は、トップの力でおおかた決まる。

優秀な社員を多数揃えようとも、1人のトップの力には及ばない。企業はトップの器以上には大きくもよくもならない。どんなに業績のよい企業であっても、トップが代わったことで赤字企業に転落することがある。

逆に、泣かず飛ばずであった企業がトップの交代により、にわかにV字回復することもある。

それがトップの力である。

トップを見れば社員がわかる。社員を見てもトップがわかる。トップとは、イコール会社なのである。勇将《ゆうしょう》の下に弱卒《じゃくそつ》なし。優れたトップの下に無能なマネージャーはいない。いたとしても、居残ることはできない。

逆もまた真なりで、有能なマネージャーがいる企業のトップが、凡庸であることもないといえる。

トップの力は大きい。

いかなる業種、業態、規模、国籍の企業であっても、企業は80％以上トップ次第でよかれ悪しかれ決まってしまう。魚は尻尾からは腐らない。腐るときは頭から腐る。会社も、新入社員がお粗末で腐るということはあり得ない。トップから腐る。社長から腐り、取締役から腐るのだ。

企業の善し悪しがあらかたトップの力で決まるとすれば、ではトップに必要な力とは何かという素朴な疑問が生じる。それが本書のテーマであり、私が40年以上の現場体験を通じて追求してきたテーマでもある。本書では、それを7つのジャンルにまとめている。

トップとは何者か？

ざっくりと要約すれば、トップとは「人を通じて結果を出す人」である。

ピーター・F・ドラッカーは「経営とは人を通じて結果を出す業《わざ》である」と喝《かっ》破《ぱ》している。この考えかたに私も全く同意見である。経営が人を通じて結果を出す業なら、経営の先頭に立っているトップとは、すなわち人を通じて結果を出せる人でなくてはならない。

敷衍《ふえん》して述べるならば、トップの力とは結果を出すために、人をいきいきと動かすことができる力である。単に動かすだけなら、誰でも命令で動かせる。肝心なのはいきいきと動かすことだ。

それだけではない。

トップの力とは、人を自らよろこんで望ましい方向へ動かすことのできる力でもある。いわば「人を一定方向へ導く力」といえる。結果を出すために必要とあれば、ことさらにトップの命令や指示がなくとも、現場が自ら動いて結果を出す。人がよろこんで動くように鼓舞する力も、またトップの力である。

トップには「信用」と「信頼」が必要である。

人をいきいきと動かすためには、トップに「信用」がなくてはならない。「信なくば立たず」と言う。人は、実力と実績のある人を信用する。信用できない人の指示や命令では、人は安心して従う気持ちにはなれない。人がしぶしぶ従っているようでは、とてもよい仕事は期待できない。

人が「この人のためならひと肌もふた肌も脱ごう」と思うのは、「信頼」する人に対してだ。人が自らよろこんでトップのために動くというのは、トップに対する信頼があるからである。信頼を得るには、実力や実績があるだけでは不足だ。

そこに人としての魅力や、高い倫理性などの人間力が必要となる。

無責任な人や使命感のない人、自分のことしか考えない利己主義の固まりのような我利我利亡者《がりがりもうじゃ》に対して、自ら進んで協力しようと思う人は、この世に1人もいない。人の協力を得られる力のベースは信頼なのである。

信用と信頼はトップの力の両輪である。

信用とは仕事の技能や技量の力、一方、信頼とは人格、人間性の力といえる。いずれか一方の力だけではトップの力は最大限には発揮できない。常に両者のバランスが必要とされる。では、信用され、信頼されるにはどうすればよいか。

その点について詳《つまび》らかにしたのが本書である。

私のこれまでに書いた本と同様、本書も私の体験に基づいている。借り物や輸入品の理論は、あくまでも私の持論を検証し補足するためのものであり、本旨と結論はすべて長年の経営体験から得た「新論《あたらし》」である。

本書は、アルファポリスのビジネスサイトで連載している「トップの力」を、改めて書籍用に書き下ろしたものである。

書籍化するに当たっては、特に項目相互の関係性に注意した。

トップの力とは、単独でも威力を発揮するが、相互に関係性を持つことでより大きな力を発揮する。単独の項目を読んだだけでは気づかないことが、全体を通じて読むことで、はじめて全貌を把握することができる。
願わくは、そのような読み方をしていただきたい。
本書は現在トップの地位にある人はもちろん、将来のトップを目指す人にも心がけてほしいことを網羅した。なぜならトップの力とは、トップになった瞬間に生まれるものではなく、日常の仕事を通じて育まれ、鍛えられることによって身につくものだからだ。

本書は、より内容を理解しやすいよう、各項目に図表をつけている。図表は図解であったり、実用シートであったり、参考資料であったりするが、各項目に図表をつけたのも、今回がはじめての試みである。図表があることによって、読者の理解の促進につながれば幸いである。

本書が今日のリーダー、明日のリーダーにとっての、経営や人生の指針としてお役に立てばこれに勝るよろこびはない。

2017年9月

新　将命

CONTENTS

Seven Powers to Develop Yourself and Your Company

第3章　PERFORMANCE
実績を上げる力

第4章　COMMUNICATION
グッドコミュニケーターになる力

第7章 社会に貢献する力

SOCIAL CONTRIBUTION

第1章 経営する力

THE POWER of 7 CHAPTER 1
“MANAGEMENT”

THE POWER of 01

MANAGEMENT

経営品質を上げる力

「魚は頭から腐る」というロシアの諺《ことわざ》がある。
組織の力はトップ次第だ。トップが腐れば組織も腐る。反対にトップが光れば組織も光る。会社は経営者の器以上にはならない。会社の善し悪しの80％以上は、経営者次第で決まってしまうということだ。トップの品質が上がれば、企業の品質もよくなる。それを私は「黄金のサイクル」と呼んでいる。

企業は究極「6つの品質」によって決まる。6つの品質とは、「経営者品質」「社員品質」「商品・サービス品質」「顧客・社会満足品質」「業績品質」「株主満足品質」である。この6つの品質には関係性があり、その淵源《えんげん》となるのが経営者品質、すなわち「トップの力」なのだ（左図参照）。

東芝が140年かけて堂々と築いた世評を一瞬で壊したり、かつて史上最大の赤字額を計上した日立製作所が甦ったのも、経営者の手腕にあった。経営者が自分の品質を上げる力には2つある。第1は生まれ持った素質という先天的な能力で、第2は生まれた後の本人の努力だ。

経営品質を上げる力

黄金のサイクル

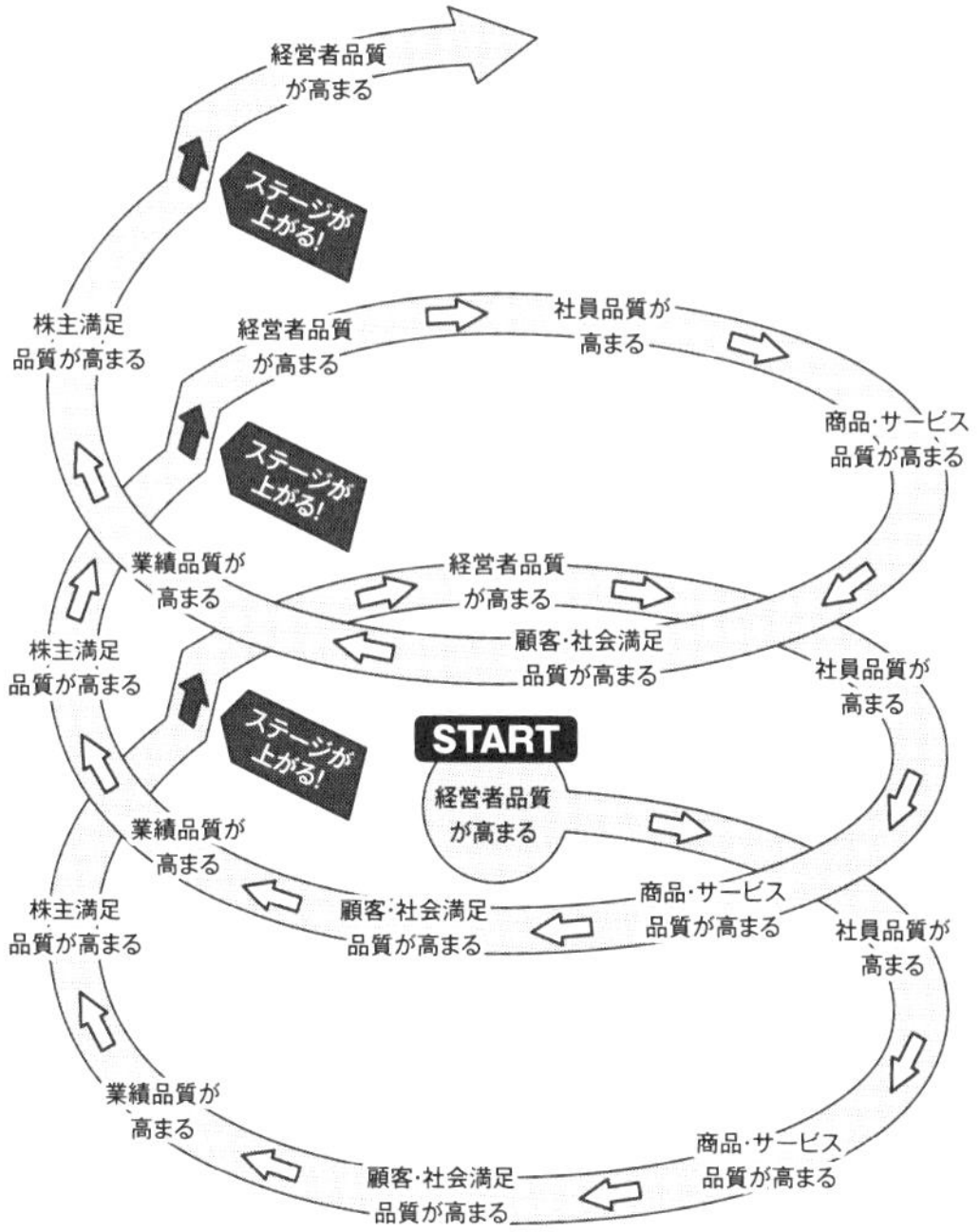

黄金の6段階は無限の6段階

「黄金のサイクル」は、6つの段階を踏む。しかし、6段階まで行けば終わりではない。6段階までいったら、ワンステージ上がって次のサイクルに突入する。上り続けながら無限にバージョンアップを図るから「黄金のサイクル」なのである。

黄金のサイクルのスタートは、言うまでもなく経営者だ。

企業経営の品質を上げるには、自ずから順番というものがある。この順番こそが、企業が成功するために最も重要な原理原則だ。経営者品質が上がらないのに、社員品質が上がることはあり得ない。社員品質が上がらないまま商品・サービス品質が上がることもあり得ない。

経営者品質が上がれば、時間の経過とともに社員品質は上がる。

商品づくりやサービスを現場で担っているのは社員だ。社員品質が上がれば、その結果として、我が社が提供する商品・サービス品質も上がる。商品・サービス品質が上がれば、それに呼応して購買客とリピーターが増え、社会からもよい評価を得ることができる。すなわち顧客・社会満足品質も上がるのだ。

顧客満足品質が上がれば、至極当然のことながら企業の業績品質も上がることとなる。ここまでで5段階だ。「モノづくりの前にヒトづくり」といわれる。しかし、ヒトづくりは必ず一定の時間がかかる。ヒトづくりの最大の援軍は時間である。企業の中で、時間をかけることを決定できるのはトップだ。

ヒトづくりにはお手本がいる。よきお手本のことを「ロールモデル」という。ロールモデルは誰か。経営者である。トップは社員のロールモデルであらねばならない。だから、経営者品質はすべての品質を左右する重要な経営の原点なのだ。

業績品質が上がれば、当然、会社の決算数字はよくなる。

決算がよければ配当が増える。株価も高くなる。結果、株主の資産価値が高まる。資産価値が高まれば、株主の満足度は高くなる。同時に株主の経営者に対する評価も上がる。評価が上がれば期待度もさらに一段と高くなる。

株主の期待度が上がれば、経営者は自らの品質をさらに向上させようと強く動機付けられる。こうして黄金のサイクルは、さらに一段高いステージに向かう。

「すい臓がんとかけてベンチャー企業と解く。その心は5年後の生存率6％」。これは、すい臓がん経験者である私の自作（駄作？）である。会社は5年企業であってはならない。永代企業になりたい。故にトップは光らなければならない。

THE POWER of

02

MANAGEMENT

継続する力

継続する力は重要である。コストや経費を前年比５％削減するのは改善だが、これを13年間続けると削減率は50％となる。50％という数字は革新といえる。戯《たわむ》れにつくった「改善も長く続けりゃ革新だ」という標語も、継続の力を表したものだ。物ごとが上手くいかない原因の多くは、継続性に欠けるせいだといえよう。世界最大の小売業・ウォールマートのスローガンには「成功するために必要なことは、当たり前のことを徹底的に継続することである」とある。正しい目標を正しいやり方で実行しても、途中で投げ出したり、やるべきことをおろそかにすれば、決して結果は出ない。

徹底する力については、別の項に譲るとして、本項では継続について述べよう。近年ノーベル賞の受賞者には若い人も増えたが、かつては20代で着想した発見発明を何十年もかけて実証し、それが認められて受賞する学者が多かった。

ノーベル賞受賞者は、20代に閃《ひらめ》いた学説を粘り強く研究し続け結果を出す。まさに継続の賜《たまもの》といえよう。恐らく途中で挫折した学者は星の数はどいるはずだ。

継続する力

正しい目標が未達に終わる原因

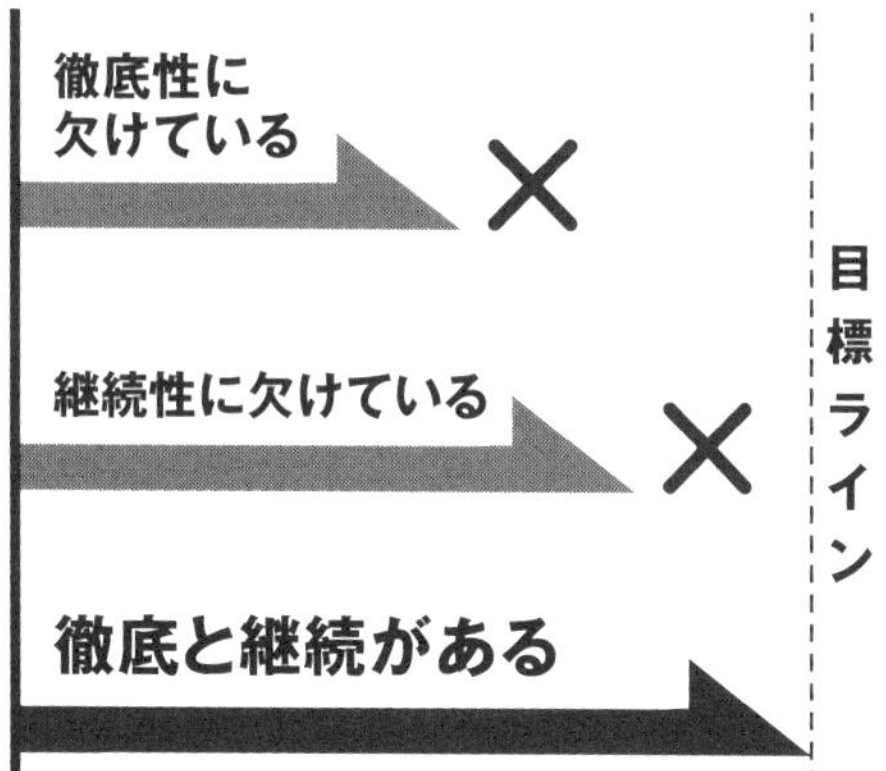

また近年では、持続可能社会という言葉であったり、企業でもサスティナビリティ（持続可能性）という言葉をよく耳にするようになった。企業とは〝Going Concern（継続する組織）〟でなくてはならない。企業経営の本質は「継栄（継続的繁栄）」である。経営者は「継栄者」なのだ。

あきらめない力

あきっぽい経営者というのは、この世にまずいない。「あきらめ方のよい」経営者はいるが、すぐにあきらめる「あきっぽい」経営者には、私はいまのところお目にかかったことがない。事業家は概して精神的にしぶとい。万策尽きたときには「あきらめない」という妙薬を服用するのが経営者だ。

フォード自動車をつくり大衆車で全米を席巻したヘンリー・フォードも、フォード自動車をつくる前に何度か会社をつぶし、最後は出資者や銀行からも見放された。それでもフォードは大衆車をつくることを止めなかった。

日本では東京ディズニーランドが有名だが、アニメーション映画の世界で数々の名作を生み出しているディズニーの創設者ウォルト・ディズニーも自分の成功を疑わず、幾多の倒産や配給会社からの契約破棄、破産も経験している。

ウォルト・ディズニーは、自分を信頼したために金を失った人のことを考えるといたたまれなかったが、なおアニメーション制作は続けた。彼は企業家として失敗したが、アニメーターとして失敗したとは考えていなかったのだ。彼の失敗は、世界一有名なキャラクター「ミッキー・マウス」を世に出すまで続いた。

ディズニー自身は破産で逞《たくま》しくなり、失敗で鍛えられた。「生涯を通して不幸だった思い出はない、いつも幸せでエキサイトし、何かに熱中していた」と語っている。このマインドがウォルト・ディズニーの継続する力の源泉だ。

継続する力は社員にも必要な力だ。トップは社員の継続する力を引き出さなければならない。また、他人の継続する力を引き出すには別の力も要る。三国志で有名な曹操《そうそう》は行軍中に水がなくなり、次の水場まで兵を行軍させなければならなくなった。兵は疲れ渇いている。水場に着くには目の前の山を越えなければならない。そこで曹操は「あの山には梅がたくさんなっている」と兵に告げ、兵は梅の味が頭に浮かび口中に唾液が出てきた。峠に至ると兵にも麓《ふもと》の水場が見えた。すると、何も言わずとも兵は水場に向かって歩き出す。兵の歩みを継続させるには、曹操のような一計もまた効果的な場合がある。

THE POWER of 7 03

MANAGEMENT

後を継ぐ力

我々は企業を見る場合に創業者に目が行きがちだが、その企業を大きく発展させたのが実は2代目、3代目の後継者であることは少なくない。明治時代に三菱を創業した岩崎弥太郎は有名だが、三菱の核となる企業をつくり三菱財閥の基盤をつくったのは、2代目の岩崎弥之助、3代目の久弥、そして4代目の小弥太の功績が大きい。

一方、同時期に銀行、海運、東京証券取引所などを立ち上げ、岩崎弥太郎と並ぶ代表的な明治の実業家、渋沢栄一のほうは後継者に見るべき人が少ない。財閥をつくらないという本人の意思の影響もあっただろうが、その後の三菱の発展と比べて見ると、やはり後継者の力は大きいと言わざるを得ない。

トヨタといえば自動車だが、トヨタ自動車を起こしたのは、豊田自動織機で有名な日本の発明王、豊田佐吉の息子の喜一郎である。住友も、同グループの基盤を築いたのは初代の広瀬《ひろせ》宰平《さいへい》の後を継いだ伊庭《いば》貞剛《ていごう》だった。

後継者の力は大きい。その後継者をつくるのはトップの重要な役目である。

後を継ぐ力

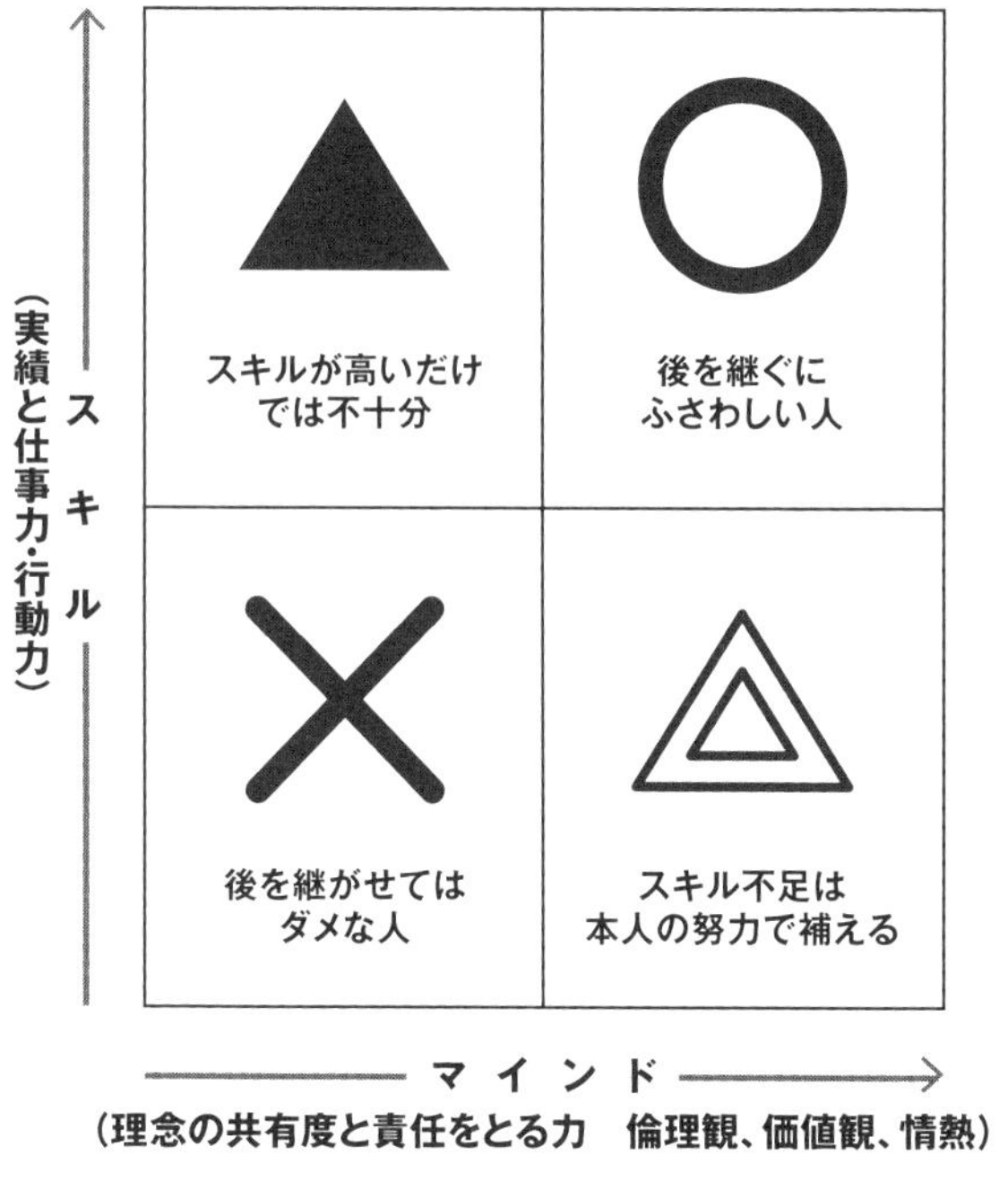
スキルが高いだけ
では不十分
後を継ぐに
ふさわしい人
後を継がせては
ダメな人
スキル不足は
本人の努力で補える
スキル
（実績と仕事力・行動力）
マインド
（理念の共有度と責任をとる力　倫理観、価値観、情熱）

私は、ジョンソン・エンド・ジョンソン日本法人の社長に就任したとき、アメリカ総本社のジェームズ・バーク会長から、在任中に後継者をつくることを次のように厳命された。

「あなた（新《あたらし》）はこれから何年か社長を務めるだろうが、辞めるまでに後継者を育成していなければ与える点数は最高で50点だ」。要はどんなに業績を上げても、後継者をつくらなければ社長としては落第だとのご託宣《たくせん》である。

経営者の真価における最後の決め手は、後継者づくりである。理由は至極簡単、後継者がいなければ黄金のサイクルがプッツリと切れてしまうからである。

後継者に大切なのは理念の共有度

後継者づくりは、経営の神様といわれるあの松下幸之助氏でも上手くいかなかった。日本企業で後継者づくりが上手くいっている企業は、トヨタ、ホンダぐらいだろうか。最近の後継者づくりの例としては、ジャパネット・タカタの高田社長の見事なまでの後継者任命が頭に浮かぶ。

前ページに後継者の条件を上げているが、後継者に求められる資質として、スキルとマインドのどちらがより重要かといえば、疑いなくマインドである。

業績がよいことで有名なアメリカのサウスウエスト航空の人事の鉄則には〝Hire for character. Train for skill.（採用は人柄で。スキルは教育で）〟とある。スキルはトレーニングや体験の蓄積でレベルアップすることは可能だ。しかし、人柄は本人に備わった属性である。そうおいそれと変えることはできない。

理念の共有度や自ら責任をとる出処進退の心構えは、教えて教えられることではないが、その人物によって適性の違いははっきり表れる。

しかし人は変わる。後継者の選抜を一時的な評価で行うことは望ましくない。ある程度、長い期間をかけて評価することが肝心だ。

GEのジャック・ウエルチが活用して有名になった後継者育成プランが、サクセッション・プラン（Succession Plan）という後継者選びのシステムである。

社員の中から後継者候補を選び、計画的に教育と実践の機会を与え、仕事で上げた実績によって100人を50人、50人を25人と絞り込み、最後まで残った人間を後継者とする長期的な後継者育成・選抜制度だ。GEのジャック・ウエルチがこの方法で選んだのが、ジェフリー・イメルトである。そのイメルトも2017年に退任し、後任にジョン・フラネリーが就くことになった。

THE POWER of 04

MANAGEMENT

理念の力

人と動物の最大の違いは、理念があるかないかである。

会社にはザックリ言うと2つのタイプがある。第1は組織図はあるが魂が通っていないタイプ。第2は組織に魂を通わせているタイプである。

理念は目標、戦略、戦術の根源である。企業活動のすべては理念から始まる。

アメリカのシンクタンクが過去数十年にわたって、理念のある会社と理念のない会社の業績を調べた。その結果、短期では理念のある会社と理念のない会社の業績はそれほどの差は見当たらない。しかし、10年、20年と長期間にわたって業績を比較すると、はっきりと差が表れる。

私の頑《かたく》ななまでの持論から言えば「人は大きなことを信じたときに大きな仕事をする」ということだ。〝大きなこと〟、それが企業理念である。

私がかつて日本法人の社長を務めたジョンソン・エンド・ジョンソンは過去60年以上にわたって増収を続け、過去50年以上増益を続けている。この会社には世界的に有名な理念「我が信条」（左ページ参照）がある。

理念の力

ジョンソン・エンド・ジョンソン「我が信条」全文

我が信条

我々の第一の責任は、我々の製品およびサービスを使用してくれる医師、看護師、患者、そして母親、父親をはじめとする、すべての顧客に対するものであると確信する。顧客一人一人のニーズに応えるにあたり、我々の行うすべての活動は質的に高い水準のものでなければならない。適正な価格を維持するため、我々は常に製品原価を引き下げる努力をしなければならない。顧客からの注文には、迅速、かつ正確に応えなければならない。我々の取引先には、適正な利益をあげる機会を提供しなければならない。

我々の第二の責任は全社員――世界中で共に働く男性も女性も――に対するものである。社員一人一人は個人として尊重され、その尊厳と価値が認められなければならない。社員は安心して仕事に従事できなければならない。待遇は公正かつ適切でなければならず、働く環境は清潔で、整理整頓され、かつ安全でなければならない。社員が家族に対する責任を十分果たすことができるよう、配慮しなければならない。社員の提案、苦情が自由にできる環境でなければならない。能力ある人々には、雇用、能力開発および昇進の機会が平等に与えられなければならない。我々は有能な管理者を任命しなければならない。そして、その行動は公正、かつ道義にかなったものでなければならない。

我々の第三の責任は、我々が生活し、働いている地域社会、更には全世界の共同社会に対するものである。我々は良き市民として、有益な社会事業および福祉に貢献し、適切な租税を負担しなければならない。我々は社会の発展、健康の増進、教育の改善に寄与する活動に参画しなければならない。我々が使用する施設を常に良好な状態に保ち、環境と資源の保護に努めなければならない。

我々の第四の、そして最後の責任は、会社の株主に対するものである。事業は健全な利益を生まなければならない。我々は新しい考えを試みなければならない。研究開発は継続され、革新的な企画は開発され、失敗は償わなければならない。新しい設備を購入し、新しい施設を整備し、新しい製品を市場に導入しなければならない。逆境の時に備えて蓄積を行わなければならない。これらすべての原則が実行されてはじめて、株主は正当な報酬を享受することができるものと確信する。

ジョンソン・エンド・ジョンソン

人の行動には動機が伴う。古代エジプトではピラミッドを築くために大勢の人間が石を運んだ。あるとき、旅人が労働者に「あなたは何をしているのか」と尋ねた。労働者は「見ての通り石を運んでいるんだ」と答えた。旅人は別の労働者に尋ねた。労働者は「あそこに見える建物をつくる石を運んでいる」と答えた。旅人はさらに別の労働者に尋ねた。するとその労働者は「私はいまエジプト文明を築くための仕事をしているのだ」と胸を張って誇らしげに答えた。「我が物と思えば軽し笠の雪」という。3人目の労働者にとっては同じ重さの石でも軽く感じられたのかもしれない。自分の仕事の目的は何か。そのゴールが偉大であるほど人は頑張りがきく。

大義があれば、つらい仕事も大儀でなくなるのだ。

理念の具体的な力を認識せよ

理念には具体的に次の5つの力がある。

①求心力——組織の全員が理念に共感し、理念を共有することで全員のベクトルを1つに合わせることができる。異なった価値観の人々の心を1つに束ねる求心力があるのだ。

②社員の誇り――共感できるよい理念は社員にとっても誇りである。よい理念を持っている会社は、社員にとって働き甲斐のある会社となる。
③業績力――これは本項の冒頭で記したとおりである。
④求人力――私がジョンソン・エンド・ジョンソンの社長時代、中途採用に応募してきた有望な人はほぼ例外なく「貴社の理念に共感した。ぜひこの会社で働きたい」と述べていた。よい理念にはよい人財を引き寄せる力があるのだ。
⑤ステークホルダーの信頼――理念は、取引先や銀行などの外部のステークホルダー（利害関係者）から信頼を得るという面で役に立つ。

よい理念とは「生きた理念」である。生きた理念にも条件がある。その条件とは①明確であること②全社員に徹底していること③仕事上の道具（Working Tool）として日常的に使われていること④ときどき（5年に1度くらい）必要に応じてチェックのうえ改訂すること、以上の4点である。

生きた理念があれば「死んだ理念」もある。死んだ理念とは、干物になっている理念だ。干物の理念とは、存在はしているものの、社員は誰も知らない、知っていても意味がわからない、意味がわかっていても、何ら行動に反映していない理念である。こうした理念は、言い換えれば悪い意味での「お題目」である。

MANAGEMENT

THE POWER of 7 05

バランスの力

経営の要諦はバランスである。それもエッジ（尖り《とんが》）の利いたバランスがよい。絶妙のバランス感覚で企業の舵取りができる人を名経営者という。一方、トップがバランス感覚に欠けていれば企業や組織は必ず迷走する。バランス感覚のない経営者は迷経営者ということになる。

トップのバランス感覚は企業の死命をも制する。

東芝問題のそもそもの発端は、トップが目先の目標達成を求めるあまり、現場が目標数字の辻褄《つじつま》合わせのための「チャレンジしろ！」の掛け声のもとに、不適切（実は不正）な会計処理を行ったことである。目標達成はとことん追求すべきことだが、不正を招くほど強引に達成を求めるのは邪道であり、禁じ手である。東芝の経営者は、バランス感覚を欠いていたがゆえに、今日の東芝の苦境がある。

一般に製品の品質・性能を追求すればコスト高となる。逆にコストダウンを追求すれば、製品の品質・性能を犠牲にせざるを得ない。両者は対立する。

会社の発展が大事か、個人の幸福が大事かという問題も対立する。個人レベルの問題でも、仕事を取るか、家庭を取るかという悩みがある。

バランスの力

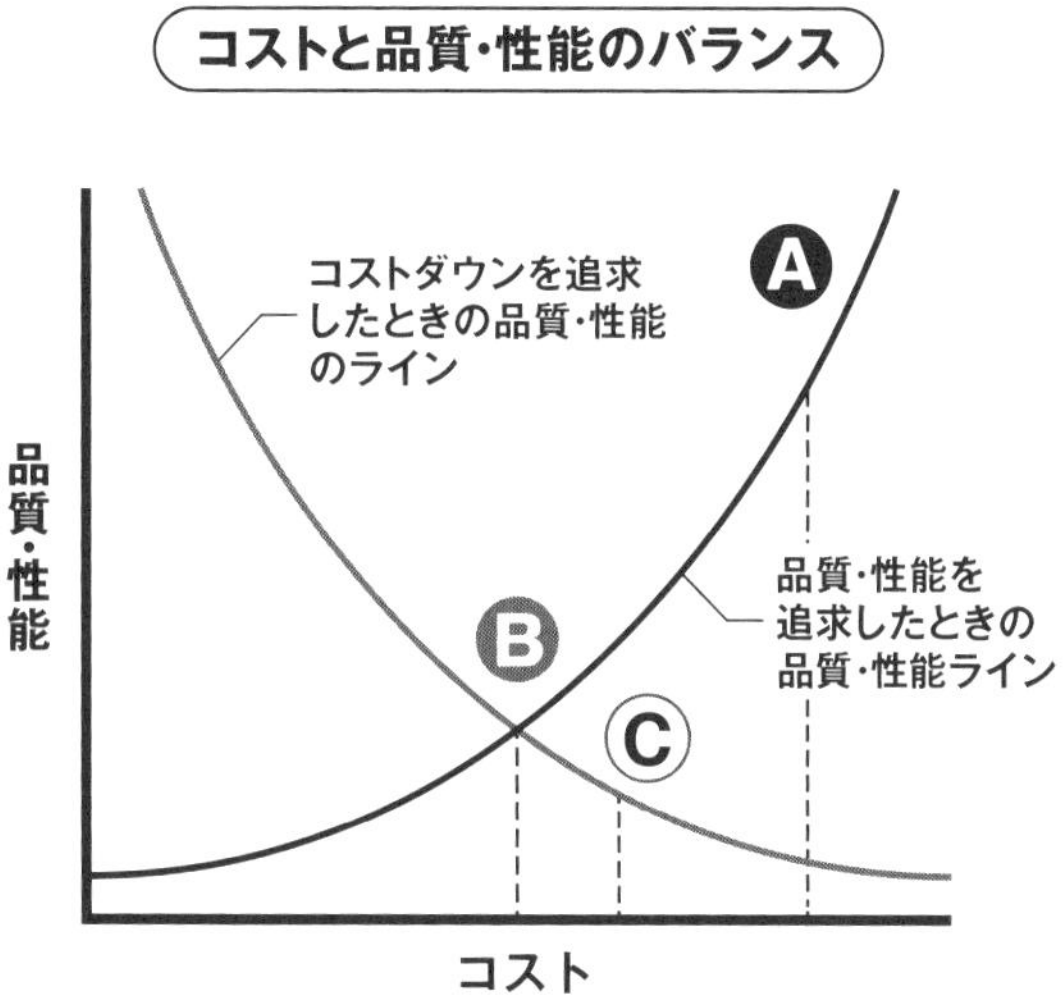

A 品質・性能重視の戦略

B バランス重視の戦略

C 低コスト重視の戦略

アチラも立ててコチラも立てるのがトップの力

バランス感覚の極意は両者を立てる

あちらを立てれば、こちらが立たずという状態をトレード・オフという。トレード・オフ〝Trade-off〟とは何かを得るためには、何かを犠牲にするしかないという考え方である。二者択一ということだ。成果は何らかの犠牲の上に成り立つということだ。この考え方は一見もっともなように聞こえるが、実は怪しいところがある。

目標を達成するために、誰かが犠牲になって月に100時間を超える残業をし、その挙句に身体を壊し入院するような事態が、望ましいはずがない。誰かを犠牲、何かを犠牲にして何かを得るという考え方はバランスの力を放棄している。「あちらを立てれば、こちらが立たず」という状況を「あちらも立てて、こちらも立てる」という状況に昇華するのがバランスの力である。両者を立てることを基本的な考えかたにしなければバランス感覚は磨かれない。

あちらも立てて、こちらも立てるということを、私はトレード・オンと言っている。トレード・オン〝Trade-on〟がトップのバランス感覚の極意である。

仕事か家庭か、会社の発展か個人の幸福か、品質・性能かコストダウンか、いずれもどちらかを犠牲にすると二者択一で考えているうちは、よい答えには辿り着けない。どうすれば仕事と家庭を両立できるか、会社の発展と自分の成長を一致できるか、品質・性能の向上とコストダウンを果たせるかと考えることで、はじめて道は開ける。「あれかこれか」ではなく、「あれもこれも」である。

松下電器（現パナソニック）は1960年代半ばに業績不振に陥ったことがある。そのとき松下電器社長の松下幸之助氏は、全国の松下電器の販売代理店の社長を熱海に集めた。世に言う「熱海会談」である。

1964年東京オリンピックの好景気の反動で落ち込んだ業績を回復するための全国会議であったが、代理店経営者からは次々と松下電器に対する不満が飛び出し会議は混沌とした。松下氏はじっと代理店経営者の声を聴いていたが、最後に壇上に立つと「松下が悪かった」と涙を流しながら詫びた。このとき、すでに彼は「経営の神様」と呼ばれる存在だ。代理店の経営者たちはその言葉に驚いた。

幸之助氏が言葉を発する前までは、本社と代理店の意向は対立していた。このままでは両立は困難だ。そのとき、彼は自ら非を認めることで代理店の社長たちを立てた。そして両者がともに幸福になる共通の道を求めたのである。

戦略の力

人を動かし、組織を動かさなければ結果は出ない。人を動かすために重要なのはまず人を知ること、そして進むべき方向性に対して、説得性と納得性を高く示すことである。人は説得されると頭で理解する。納得すると心で理解する。腹落ちし、腑に落ちるのである。トップの役割は方向性を決めて、社員のベクトルを合わせ目指すゴールに向かって組織全体を動かすことにある。

方向性は次の3つの要素で構成される。「理念」+「目標」+「戦略」である。理念が崇高であることや目標が正しいことは、それだけで大きな力となるが、組織を正しく動かし成果を上げるためには正しい戦略が必要だ。

しかし、戦略に関しては日本企業で散見される間違いがある。それは戦略〝Strategy〟と戦術〝Tactics〟を混同していることだ。戦略と戦術を混同するのは、目的と手段を混同するようなものだ。経営の原理原則では「戦術の間違いは戦略で補えるが、戦略の間違いを戦術で補うことはできない」とされる。

左ページの図にあるとおり、「WHAT（何を）やるか」が戦略であり、「HOW（どう）やるか」が戦術だ。

戦略の力

戦略(STRATEGY)・戦術(TACTICS)の違い

戦略 (STRATEGY)	戦術 (TACTICS)
何をやる(WHAT)	どうやる(HOW)
正しいことをやる(やること)	正しくやる(やり方)
効果(EFFECTIVENESS)の追求	効率(EFFICIENCY)の追求
捨象。選択と集中(優先順位)	優先項目の現場展開
経営者・リーダーの責務	担当者の責務
企業理念に沿っている	戦略に沿っている

戦略は経営者が決めるべき専権事項だが、戦術は目一杯現場に任せるのが原則だ。トップが現場に足を運ぶことは大切だが、みだりに口を挟むべきではない。

ソニーの創業者・井深大氏も現場に足を運んだが、現場で交わす会話は「それは何をしているの？」「上手にやるね」という世間話のようなものだったという。

ある大手メーカーの人事担当役員から聞いた話だが、子会社の鋳物《いもの》メーカーに鋳物に詳しいトップを送ると、ついつい現場に口を出し現場の士気を低下させ業績を落とす。

しかし、鋳物についてよく知らないトップが行くと、現場を歩いていてもコミュニケーションをとることに専念するので、業績はよくなる傾向があるという。

生きた戦略でなければ戦略とはいえない

戦略は「生きた戦略」でなければならない。生きた戦略とは、実行して結果の出る戦略であり、経営者も社員も納得して共有できる戦略である。そういう生きた戦略でなければ、せっかくの戦略の効果は薄い。

生きた戦略には条件がある。それが次ページの「生きた戦略の13条件」である。ぜひ参考にしてもらいたい。

「生きた戦略の13条件」 評価表

Ⅰ. 内容	評価（10点満点）
① 企業理念（ビジョン・使命・価値観）との整合性がある	
② 正しい土俵（トレンド・市場規模・収益性）の上で勝負している ニッチ市場の場合はドミナンス（優位的立場）が期待できる	
③ 競合的優位性を伴った顧客に響く差別化がある	
④ 顧客視点に立っている	
⑤ 優先分野（商品・顧客・地域等）が明確であり、経営の集中が効いている 多角化の場合は本業の強みを生かした相乗効果が期待できる	
⑥ 経営資源（ヒト・モノ・カネ・組織能力・情報・時間等）の裏づけがある	
⑦ オーガニック·グロース（自力成長）に加え、M&A（合併·買収·事業提携）などのノンオーガニック・グロース（非自力成長）が検討され、必要に応じて取り込まれている	
Ⅱ. 策定プロセスと活用	
⑧ 策定の過程に社員の十分な参加・参画がある	
⑨ 全社員に十分にコミュニケートされ、理解と納得が得られている	
⑩ 部門・個人単位の具体的戦術（アクション・プラン）に落とし込まれている	
⑪ 戦術が現場で正しく継続的に実行に移されている	
⑫ 事後評価とフィードバックを含むPDCサイクルが正しく回っている（C＝評価→学習→反省→改善）	
Ⅲ. 変更	
⑬ 環境変化に対して迅速に変更を加えている	
合 計	

THE POWER OF 07

MANAGEMENT

孤独に耐える力

トップは孤独である。よく言われる言葉だが、これは確かに事実だ。「経営とは人を通じて結果を出す業」（ピーター・F・ドラッカー）であるから、チームワークは重要であるし、コミュニケーションも欠かせない。しかし、それでもトップは孤独なのである。

多数決で組織の進むべき方向を決めるのであれば、トップは不要だ。特に企業理念、戦略、我が社の求める人財像など、企業経営の肝と言うべき重要な問題に関しては、最後はトップが独りで決断するのだ。独りで決断するから、トップの決定は「独断」であり、独りで決裁する人であるからトップは「独裁者」である。独断、独裁といってもどこかの国のリーダーとは違う。企業のトップには必ず結果責任と説明責任がある。アカウンタビリティのないトップはいない。トップとは、最後の責任をとる人なのだ。

企業経営においては、トップの独断や独裁の前には衆議がある。立場が違う多くの人の意見や異見を積極的に聴き、徹底的に議論を重ねることが衆議である。

孤独に耐える力

トップは衆議独裁の宿命を負う

どんなに衆議を重ねても
最後はトップが独りで決断する

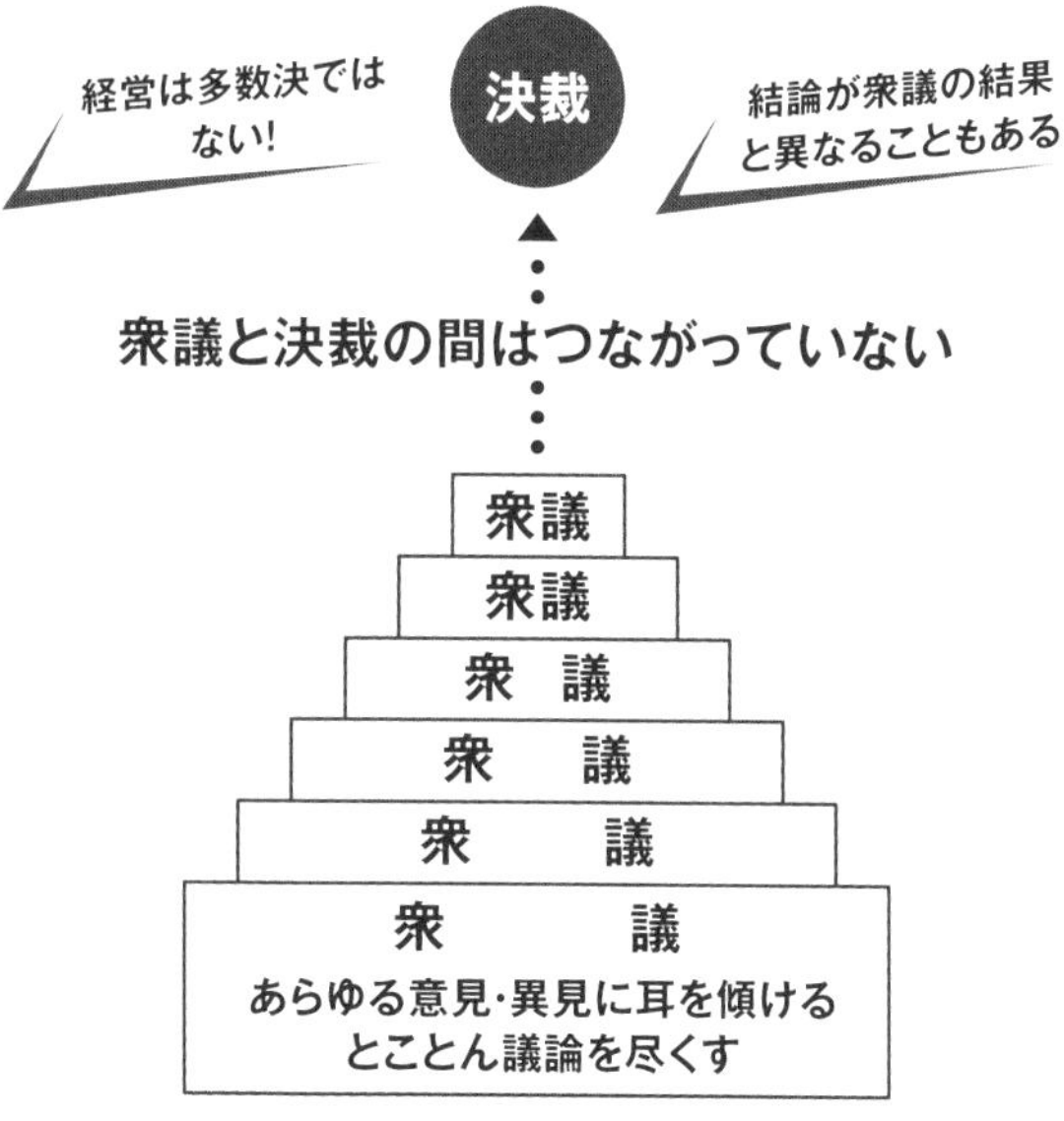
経営は多数決ではない!
決裁
結論が衆議の結果と異なることもある
衆議と決裁の間はつながっていない
衆議
衆議
衆 議
衆 議
衆 議
衆 議
あらゆる意見・異見に耳を傾ける
とことん議論を尽くす

経営には「衆議独裁」が必要である。繰り返すが、多数決で決めるのなら経営者は不要である。

孤独に耐えて結果を出した2人

現代の名経営者の1人、稲盛和夫氏も孤独に耐えて成功を収めた。

若いころに開発したニューセラミックの技術は孤独の中の仕事だった。せっかくの新技術も新しい上司からは理解されず、稲盛氏は「あんたにセラミックの技術がわかるのか！」と会社を辞めてしまう。

そして、仲間とともに京セラを立ち上げるが、労働争議で自分と若い社員たちの考え方の違いを知る。だが、そうした孤独感を乗り越え、若い社員たちの持つ自分とは違う考え方をも受け入れて、京セラは今日の姿に成長した。

トップにとっては、孤独を覚えることは避けられない宿命だ。避けられないのであれば乗り越えるしか術はない。

「青色発光ダイオード」でノーベル賞を受賞した中村修二氏も、孤独を乗り越えた人である。中村氏は会社では「異邦人」と呼ばれたという。青色発光ダイオードの研究・開発はすべて中村氏1人に任されたというより、他に誰も発光ダイオードの開発に携われる社員がいなかったのである。

社命でやっている仕事であるが、仲間はいない。次々と製品化を成し遂げても、会社の利益にはさほど貢献していないという理由で評価されない。当時のことを振り返ると「入社して10年、自分でもよくやってきたとつくづく思う」という。

中村氏がノーベル賞を受賞し、会社にも莫大な貢献をした青色発光ダイオードの開発は、実は中村氏が勝手に始めた研究だったという。実際、会社からは何度も開発をやめろといわれた。

だが、中村氏は開発を実現する方法を習得するため、社長に直談判し、アメリカに留学した。帰国後、孤独な研究開発を徹底的に行った。社内で異端扱いされることを発奮のエネルギーにしたのだ。会社に籍を置く技術者としてはあり得ない覚悟が独創的な開発手法を生み出し、前人未到の快挙を成し遂げたのである。

経営者は孤独のストレスをどう解消したらよいか。私は「STRESS」が肝要だと心得ている。Sはスポーツ、Tはトラベル（旅行）、Rはリクリエーション、Eはイート（食べる）、Sはスリープ、最後のSはスマイルである。

変える力

変化に直面したとき、そこにチャンスを見出す人と見出せない人がいる。目の前に変化が迫ってきたとき、人は次の3つのタイプに分かれる。
①変化に対し何もできず、取り残され没落するルーザー（負け犬）タイプ
②そこそこ変化に対応しているが、かろうじて生き残るサバイバー（生存者）タイプ
③変化をチャンスとして捉え積極的に活用して自社の成長・発展に結びつけるウィナー（勝利者）タイプ
この中の①②のタイプは変化を脅威と捉えているが、③は好機（チャンス）として捉えている。そこが大きな違いである。

変化を好機と捉えれば、自ら進んで変化を捜し求めることになる。一方、変化が脅威であるなら、ついつい目をそむけがちとなる。

CHANGEのGから小さなTを取り除き、Cに変えればCHANCEになる。TはTHREAT（脅威）のTである。経営者やリーダーには、常に変化（チェンジ）を好機（チャンス）と捉える積極的なマインドが必要だ。

変える力

C H A N G E

チェンジのGには
小さなTが隠れている

G T

Tとは Threat＝脅威・おそれ のT

C ⇨ T

GからTを除くと

C H A N C E

チェンジはチャンスになる!

環境の変化を新しいビジネスを誕生させる好機とした経営者は多い。その1人に、KFC（ケンタッキー・フライド・チキン）創業者のカーネル・サンダースがいる。サンダースが経営していたロードサイド型のレストランは、新しいハイウェイが開通したことで車の流れが変わり、お客が激減してしまった。

このときサンダースがとった行動は、自分のレストランで好評だったフライドチキンのレシピを他店に売ることだった。サンダースのレシピでチキンを売る店は、1羽売るごとに5セントをレシピ使用料として払うという契約である。

現在、世界中に広がっているKFCはここから始まった。変化は常に新しいビジネスを生む。ビジネスチャンスをわがものとできるか否かは、まずトップ自身に変化を好機と捉えるマインドがなければならない。したがって、トップは意識して「変化はチャンス」と考える習慣を身につけるべきである。

変わることを恐れるな

人には、本質的に変化を嫌う保守的な傾向がある。「変わる」とは、未経験の世界に踏み込むことであり、未知の領域に人は恐怖を感じる。だが、その場に留まることにもリスクがあることをトップは心得ておくべきである。

「立ち向かっても全て変えられるわけではない。だが、立ち向かわなければ何も変えることができない」（ジェームズ・ボルドウ）というズシンと重い言葉がある。英語には〝Revenge of Success（成功の復讐）〟という言葉がある。

また〝The greatest risk is not to take a risk（最大のリスクとはリスクをとらないこと）〟という表現もある。過去に成功した手法が現在でも通用するとは限らない。状況が変化しているのに、同じ手法がいつまでも通用すると考えるのは愚の骨頂。過去の成功にこだわれば未来を失う。

「将来の成功を妨げる最大の敵は過去の成功である」という格言もある。過去の成功体験を躊躇《ちゅうちょ》なく捨てて、今日なお成長を続けている企業といえば、孫正義氏率いるソフトバンクがその1つだろう。

ソフトバンクは当初、ソフトウエアの制作会社だった。その後、ソフトウエアの総合商社へ移行し、外形的には出版社だった時代もある。そしてインターネットの普及とともに情報通信会社へと変わり、現在は携帯電話会社であるが、やがて世界を代表する半導体メーカーになるかもしれない。

過去の成功体験にこだわらず積極的に変わり続ける力こそ、同社の力の原点だ。

THE POWER of 7 09

MANAGEMENT

大局を見る力

着眼大局、着手小局という言葉がある。物ごとは大きく捉え、実行は身近な小さなことから手をつける。

物ごとを見るときには目先の些細なことに目を奪われ、実行するときにはいきなり大成果を上げようとする人はギャンブラーであって、経営者には向かない。いや、ギャンブラーとしても失格だろう。

大局を正しく捉えるためには大局観が必要だ。そのためには、メガトレンドを確実に押さえておかなければならない。たとえば日本は人口減少社会に向かっている。これは紛れもない事実だ。

一方、世界人口はアフリカ諸国を中心に加速度的に増えている。これも明白な事実である。こうした大前提といえる事実をしっかりと認識することが、大局観を身につけるための必要条件だ。ただし、メガトレンドを漠然と見ているだけではダメだ。物ごとを見るときには、常に3つの視点から観察しなければならない。

それは「鳥の目」「虫の目」「魚の目」である。

鳥の目とは、大空から地上を見るように広い範囲で物事をつかむということだ。

大局を見る力

鳥の目

全体を俯瞰して大局、大勢をつかむための視点。
広い視野を得るには思い込み、決めつけを排することが肝心。

＋

虫の目

“Excellence is a thousand details”（卓越は千の詳細）、神は細部に宿る。広い視野で大局をつかむとともに微に入り細をうがった視点が必要。

＋

魚の目

魚は側線で水中の環境。（水温、水質、水流等）を知る魚の目とは、見えない環境の変化を察知するセンサー能力である。

▶ **大局観**

全体の姿を大きくつかむことは、トップに求められる資質の1つである。

しかし、鳥の目だけでは物ごとの本質を見誤る恐れがある。「神は細部に宿る」という。物ごとの本質は小さなところに隠れていることが多い。そこで求められるのが虫の目だ。鳥の目をマクロの目とすれば、虫の目はミクロの目である。小さな疑問や変化を見逃さない虫の目、つまり小局観も大局観には必要だ。

そして、3番目が魚の目である。魚には側線といわれる水中の流速や温度などの環境を感じ取る器官がある。魚の目とはこの体感器官のことだ。

正しい大局観を身につけるには、変化を身体で感じる能力も必要なのである。これら3つの視点でトレンドを捉えることが、大局観を身につけるための必要条件である。必要条件であるということは、十分条件もあるのだろうか。ある。それは、自分以外の目、他者の視点だ。

人は自分が信じたい情報を信じる

他者の視点というのは、他人の意見や感想を積極的に聴くことである。これが大局観を身につけるための条件だ。他者の異見を聴かず、自分の見解だけで物ごとを判断すると、思わぬ間違いを引き起こすことがある。

なぜなら人間は、ついつい自分の信じたい情報ばかりに注目するからだ。

イラク戦争のとき、アメリカはイラクが大量破壊兵器を持っているという理由で侵攻を開始した。しかし、結局、最後まで大量破壊兵器は発見できなかった。

CIAには世界中から大量の情報が集まったが、CIA担当官はイラクが大量破壊兵器を持っている気配ありという情報だけを選択し、イラクには大量破壊兵器の形跡なしという情報には注目しなかった。

「自分はイラクで大量破壊兵器の開発に携わっていた」というイラクの科学者がイギリスに亡命してきたが、イギリスの情報機関MI6は、この亡命イラク人科学者の言葉は信憑性に欠けるとして相手にしていなかった。しかし、CIAはこの話に飛びついた。

正しい大局観を身につけるためには、物ごとの大前提であるメガトレンドを自分自身の3つの視点で観察、認識したうえで、他者がまったく別の視点から見た「異見」にも積極的に耳を傾けることだ。

他者の異見を聴かずに、自分のほしい情報だけを集めていれば、正しい大局観は永遠に身につかないと心得るべきである。

第2章　リーダーシップの力

THE POWER of 7　CHAPTER 2
“LEADERSHIP”

THE POWER of 10

LEADERSHIP

責任をとる力

私はトップの究極の責任とは「会社の持続的な成長を実現し、ステークホルダーの幸せに貢献すること」と考えている。しかし、ひと口に責任というが、トップの責任と現場の社員の責任は違う。その違いは責任の重さだけではない。トップのとるべき責任は経営上のアカウンタビリティ、すなわち結果責任である。

トップは会社の中で起こるすべての結果に対して責任をとらねばならない。それに対して、現場で働く社員が果たすべき責任は、実行責任と結果責任がある。社員が実行責任を果たせば、自ずと結果が出る。この結果に対して社員とともに責任をもつのがトップだ。組織には組織のルール、すなわち原理原則がある。行動した社員には実行責任に加えて結果責任をとるが、トップにも結果責任がある。「最後の骨はオレが拾う」という覚悟だ。トップが結果に対する責任を負わないようでは正しい組織とはならない。組織が正しく機能することはなく、正しく機能しない組織が他社との競争に勝ち続ける強い組織になるはずがない。トップがきちんと結果責任を負う組織こそが「強い組織」である。

責任をとる力

	実行責任	結果責任
上司 （命令者）	なし	あり
部下 （実行者）	あり	あり

「郵便ポストが赤いのも電信柱が高いのもみんなわたしが悪いのよ」。これが究極のアカウンタビリティ（結果責任）である。

成功したときは自分の手柄、失敗したときは他人の責任では、せっかく築いたトップの信頼や人望もこっぱ微塵《みじん》に砕け散ってしまう。

トップの行動原則で忘れてはならないのが「自責」である。一瞬でも他人のせいだという素振りを見せれば、後ろについて来ている人たちはそこを見逃さない。すべての結果責任は自分のものという態度を貫いてこそトップなのである。

トップの覚悟

日立のV字回復は記憶に新しい。日立はV字回復する前に、自らの決断で7000億円台の赤字を出した。不良資産を処理して身軽になったことで業績が急浮上したのである。しかし、7000億円台の赤字を出すということは大変な決断だ。その結果、会社は信用を失い倒産するかもしれない。

経営者といえども人間である。会社が倒産したとき、自分はその責任を負えるのかと考えると、ついつい不良資産の処理を先送りしたくなる。それは経営者だけでなく、融資をしている銀行も同じだ。そうして誰も責任をとる覚悟なしに、ズルズルと延命策を続け赤字を膨らませるのだ。

ある別の経営者は、社長就任と共に積もりに積もった長年の不良資産を思い切って処理した。やはり巨額な赤字を計上したのである。

彼は取締役会で「責任は自分が負う。今期、不良資産の処理を行う」と告げ、その足で取引先銀行へ向かい同様の趣旨の話をした。取締役会も取引銀行も「あなたが責任をもつというのならどうぞ」という答えだった。

彼は私にこう言った。「巨額の赤字は不安だった。もし会社が倒産したら、自分の家族も近所から、あの家のご主人は会社を倒産させたと指差されるだろうと、そんなことも考えた」そうだ。

こうも言った。誰かが責任をとる覚悟をしなければ、会社は永遠に回復しない。経営者は責任をとるのが務め。責任をとれない者は経営者ではない。

トップは〝TWO-HANDED ECONOMIST（2つの手を持ったエコノミスト）〟であってはならない。また、〝ON THE ONE HAND, ON THE OTHER HAND〟というのは「一方ではこういう考えもあるが、他方ではこういう考えもある」というもので、両論を並べるだけで責任もとらない人のことである。

THE POWER of 11

LEADERSHIP

信じる力

「信なくば立たず」という。トップとはまず自らを信じ、人からも信じられる存在でなければならない。また、それはトップだけに限ったことでなく、人としての必要条件でもある。

人から信用され、信頼されるためには真っ先にやるべきことがある。それはまず自分自身を信じることだ。自分を信じられない人が、他人から信じられることはない。まず自分を信じることが第一歩である。

自分を信じられる人を「自信家」という。自信はスキル（仕事力）を発揮したうえでの実績の積み重ねで高められるが、実績を出すために必要なのも、また「自信」である。〝自分はできる〟と信じることが成功の切り札となるからだ。

人は思い込みと自己暗示の生き物である。自分はできると、自分自身の心に働きかければ、次第に「本当にできるんじゃないか」と自信が湧いてくる。できると信じられることと、できないとあきらめたときでは、成功率が2倍、3倍も違うというのは経験的におわかりいただけるだろう。

孫正義氏は、1981年にソフトウエアを流通する会社・日本ソフトバンクを

信じる力

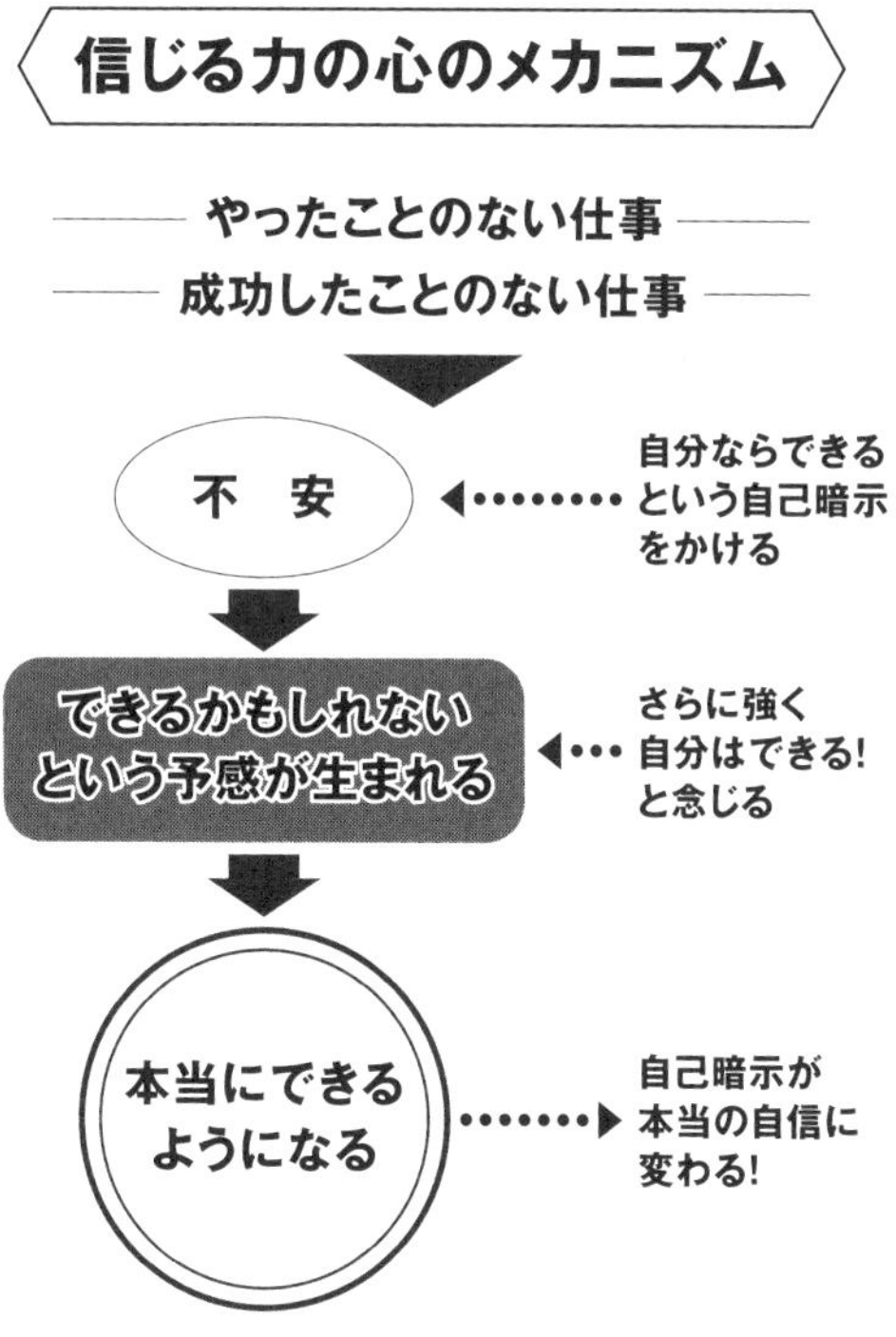
信じる力の心のメカニズム
やったことのない仕事
成功したことのない仕事
不　安
自分ならできるという自己暗示をかける
できるかもしれないという予感が生まれる
さらに強く自分はできる!と念じる
本当にできるようになる
自己暗示が本当の自信に変わる!

設立し記者発表会を開いた。このとき会見会場にいた記者はわずかに7人。孫正義社長（当時）はわずか7人を前に、世間に埋もれた優秀なソフトウエアを広く社会に流通させる意義を声高に唱え、必ず日本一の会社になると宣言した。

たまたまその席に居合わせた、後年ある出版社の常務取締役編集局長となったA氏は、孫社長に将来の成功を信じて疑わない強い自信を感じたという。

孫社長の自信は、自らを鼓舞した結果の自信だったのだろう。

他人から信じられる力

自信を身につけたら、次は他人から信じられるようにならなければいけない。組織を率いるには、他人から信じられることが必要だからだ。

他人から信じられる人であるためには、信用され、信頼される人であることが条件だ。信用には担保が必要だ。我々が人を信用するときは、仕事のスキルが高い、実績がある、人からお金を借りた場合にはその返済能力がある、等々を担保にして信用している。

信用とは英語で言えば〝Credit〟である。

信用が担保を必要とするのに対し、信頼は無担保である。無条件にその人を信頼することができて、はじめて「信頼」といえる。英語で言えば〝Trust〟である。

トップは社員からも、社員以外のステークホルダーからも、信用（クレジット）・信頼（トラスト）される存在でなければならない。他人から信用され信頼されるには、2つの要素が必要である。それは仕事の実力と人間力だ。成功する経営者の条件を方程式で表せば次のようになる。

成功する経営者＝《（信用力＋信頼力）×情熱×運》

運はひとまず置いておくとして、情熱は自信の原点であり、一方、信用と信頼は継続的な努力によって勝ち取ることができる。信用と信頼を勝ち取れることができて、他人から信じられる人となれるのだ。

英語には〝Integrity〟という、日本語に訳しにくい言葉がある。いわば言うこととやることの間に乖離《かいり》がない、高潔で人からリスペクト（尊敬）される人格者というイメージだ。

信用は実力で結果を出すことにより勝ち取ることができる。信頼性の基本は、あの人は「約束は必ず守る」「話に一貫性がある」など、一見些細なことの積み重ねである。人間的、人格的信頼性の基本は、すべて行動によって表すことである。人からの信頼は、正しい行動を徹底・継続することで勝ち取れるのである。

THE POWER of LEADERSHIP 12

与える力

日本では、商習慣や人間関係を含めて「ギブアンドテイク」が基本といわれる。ギブアンドテイクとは、言うまでもなく先に与えるべきものを与え、それからもらうべきものをもらうということだ。代金は商品を受け取ってから支払うのが基本であり、代金先払いというのは、取引相手を信用していない行動といえる。代金先払いとは、いわばテイクアンドギブである。

商品の販売はギブアンドテイクを基本としてよいが、人間関係、それもトップの基本的な行動としては、ギブアンドテイクではまだ力不足である。ギブアンドテイクを基本とした行動は、人から信用はされるが信頼は得られない。

人が信頼を寄せる行動とは「ギブアンドギブン」である。

ギブアンドテイクとは与えた後に取るということだ。しかし、ギブアンドギブンは与えた後に「与えられる」という関係になる。

日本には「情けは人のためならず」という言葉がある。人に情けをかければ、やがて自分の得となって返って来るということだ。

与える力

与える力のランキング

	先	後	
Sランク	GIVE	GIVEN	信頼をゲット! 他利返報の法則
Aランク	GIVE	TAKE	ディール(取り引き)型
Bランク	TAKE	GIVE	お返し型
Cランク	TAKE	TAKE	やらず ぼったくり型

心理学には「好意の返報性」という法則がある。ギブアンドギブンは、いわば「他利の返報性」といえよう。与える人は、与えられる人なのである。与えるトップが、与えられるトップとなれる。

与えられるものの中でも、一番は信頼だろう。

何の利害計算もなく心から人を信じることを信頼という。何らかの利益や見返りなどの担保があって、はじめて人を信じることを信用という。信頼はギブアンドギブンを行動の基本としているトップにだけ与えられる力だ。

与えればそれ以上のものが返って来る

昭和40年代くらいまで日本全国の小学校に銅像があった二宮金次郎は、江戸時代末期の篤農家《とくのうか》である。彼は一介の農民であったが、主君の小田原藩主に請われ域内の農村の復興に尽力した。彼が再建に成功した農村は数多い。

あるとき、金次郎の名声を聞いて、やはり農村復興を役目としている他藩の農業技術者が彼を訪ねてはるばる遠方からやって来た。

来訪者は、「自分はある農村を立て直すために力を尽くしているが、村人たちはなかなか自分の言うことを聞いてくれない。どうすれば村人たちは言うことを聞いてくれるようになるだろうか」と金次郎に問いかけた。

金次郎は「まずあなたの持っている全財産を村に寄付しなさい。家や家財はすべて売ってお金に換え、村に寄付すれば村人は必ずあなたの言うことを聞き、あなたの言うとおり働き出す」と答えた。

全財産を投げ打てと言われ、来訪者はとまどった。しかし、金次郎は来訪者の様子を気にすることなく自信たっぷりにこう続けた。

「全財産を村に寄付すれば、その日からの暮らしが心配だろう。だが案ずることはない。食べ物や着る物、住まいはその日のうちに村人が用意してくれる。そうしてしばらくすれば、暮らし向きはむしろ以前よりもよくなるはずだ」

村の再建のためにまず全財産を寄付することは、金次郎がやってきたことである。寄付を受けた村人たちが「お困りだろう」と、その日のうちに住まいを用意し、食べ物、着る物を届けてくれたのも金次郎の実体験である。

村人たちに再建のために働いてもらうためには、まず村人の心をつかまなければならない。ギブアンドギブンが、農村復興の達人・二宮金次郎の行動の基本だったのである。

THE POWER of 13

LEADERSHIP

心に火を点ける力

心に火を点けるためには、人の燃え方を知らなければいけない。

人の心の燃え方には4つのタイプがある。左図の通り可燃型、自燃型、点火型、不燃型である。もう1つ、あってほしくはないが、消火型という有害なタイプもいる。経営者やリーダーは、すべからく自燃型プラス点火型でなければいけない。点火型であるためには、まず自燃型であり、次に点火型であることが必要だ。

自然発火に必要な燃料は、志と理想である。志や理想が心に火を灯す。大きな理想を掲げる人は大きな仕事をする。志や理想なき人に人が惹きつけられることはない。人が目指すのは理想の実現であり、理想はやる気の火種である。

人を率いる立場の人にとって理想は必要不可欠。しかも理想は本人にとっての火種となるだけではない。理想を共有することで部下の心も燃えやすくなるのだ。発火点とは物が燃え出す温度のことだ。発火点が低いほど物は燃えやすい。理想の共有は部下の発火点を下げるのである。理想を共有する部下には火が点く。その炎を大きくするのが目標と情熱である。

心に火を点ける力

心の燃やし方　人には4つのタイプがある

可燃型（80%以上はこのタイプに属する）

人から励まされたり、適切な動機づけをされることで燃えるタイプ。

ただし自然発火することはない。

他人から火を点けられてはじめて燃える人である。

自燃型（5〜10%の少数派）

自分で自分のやる気や意欲に火を点けられる自然発火タイプ。

自分で目標を設定し、行動計画を立てられる、自分で自分をインスパイア（鼓舞）することができる自立自存型の人である。

点火型（約5%がこの型である）

自分で自分のやる気や意欲に火を点けられるだけでなく、自分の周りの人間の心にも火を点けて回ることができる自然発火プラス着火もできるタイプ。

リーダーはすべからくこのタイプでなければならない。

不燃型（2〜3%がこの型に属する）

燃える材料が尽きてしまってどうやっても心に火が点かないタイプ。

将来に夢や希望を見出せない人や自分がやらなければという使命感のない人に多い。仕事の中味を変えたり、環境を変えることで可燃型に移動することもある。

4タイプ外のタイプ

消火型

点火型の逆に周囲の人のやる気に水をかけて、全体のモラール（士気）を下げて回るタイプ。

消火型のタイプは組織に1〜2%はいる。

理想というゴールを部下と共有できたら、次は点火の第2段階である。「何を」「いつまでに」「どれだけやるか」という目標を定めること、これがわからないと部下は迷う。迷いは消火剤となる。社員を迷わせてはならない。

点火型の経営者の代表といえば、やはり本田宗一郎氏であろう。若き日の本田宗一郎氏は、1人ミカン箱の上に立ち従業員に向かって「世界一の車をつくるぞ！」という理想を大声で叫んでいた。

ホンダの従業員が宗一郎氏と理想を共有するきっかけとなったのは、町工場に毛が生えたくらいのホンダが、当時の二輪の世界最高峰だったマン島TTレースへの参戦を宣言したときである。本田宗一郎氏は、世界レベルのマシンの開発と優勝までの時限設定をした。夢や理想は時限設定をすることで目標になる。その目標を全員が共有して、会社は理想の実現に向かって動き出すのだ。

理想の共有と目標設定は心に火を点ける有効な着火剤となる。その火を大きく燃え上がらせるのが情熱だ。経営者やリーダーが点火型であるためには、本人に燃えたぎる情熱がなければならない。

経営者やリーダー自身の内にある理想の火と情熱の炎、それらを部下や周囲の人々に燃え移していくために必要なのが目標である。

心に火を点けた適材適所

では可燃型の人たちはどうすれば自燃型に変わるのだろうか。

人には適性というものがある。私の部下で異動によって心に火がついた者もいた。営業担当の社員であったが、まったく成績が振るわない、学習意欲も低いという男であった。しかし、営業担当のときから数字には強かった。コンピューターの知識もある。そこで私は彼を経理部に異動させることにした。

どういう結果になるかは不明であったが、現状のまま沈んでいくよりは好転するかもしれないという可能性に賭けたのである。果たして鳴かず飛ばずだったこの男は、経理部に異動したとたんに水を得た魚のようにいきいきと活躍した。

経理から出てくる財務諸表の精度を上げ、将来の予測値まで出せるようにシステムを構築したのは彼の手柄である。彼はその後、経理部門の責任者に昇った。

適材適所というが、人は自分に適した所を得れば心は高まり活躍する。反対に不適材不適所だと心の火は消えてしまう。

チャンスを与えれば、再びその心に火を点けることはできるのだ。

THE POWER of 14

LEADERSHIP

徹底する力

目標が正しく、計画も正しく、やり方も正しいのに結果が出ない。残念ながらこうしたことはよくある。ここで足りないのが徹底と継続だ。結果が出せない人ほど「やりました」と言い訳をするが、「やりました」というのは自分の至らなさを告白しているようなものだといえる。本当に「やりました」と言えるのは、「徹底してやり続けました」だからである。

武道では千の繰り返しを鍛といい、万の繰り返しを錬という。我々の行動も鍛錬レベルとなって、はじめて徹底と継続が実現したといえよう。

古来、徹底した行動で結果を出した人は多い。孟母三遷《もうぼさんせん》という故事があるが、孟子の母親の教育もまた徹底していた。孟子母子《おやこ》は、はじめ墓場のそばに住んでいた。しかし、孟子が葬式のまねばかりしているので母親は息子のためによくないと市場近くに引っ越した。だが、今度は商人のまねをするので、それもよくないと学校のそばに転居した。すると論語や礼をまねるようになったので、これこそ息子に最適とそこに定住した。

徹底する力

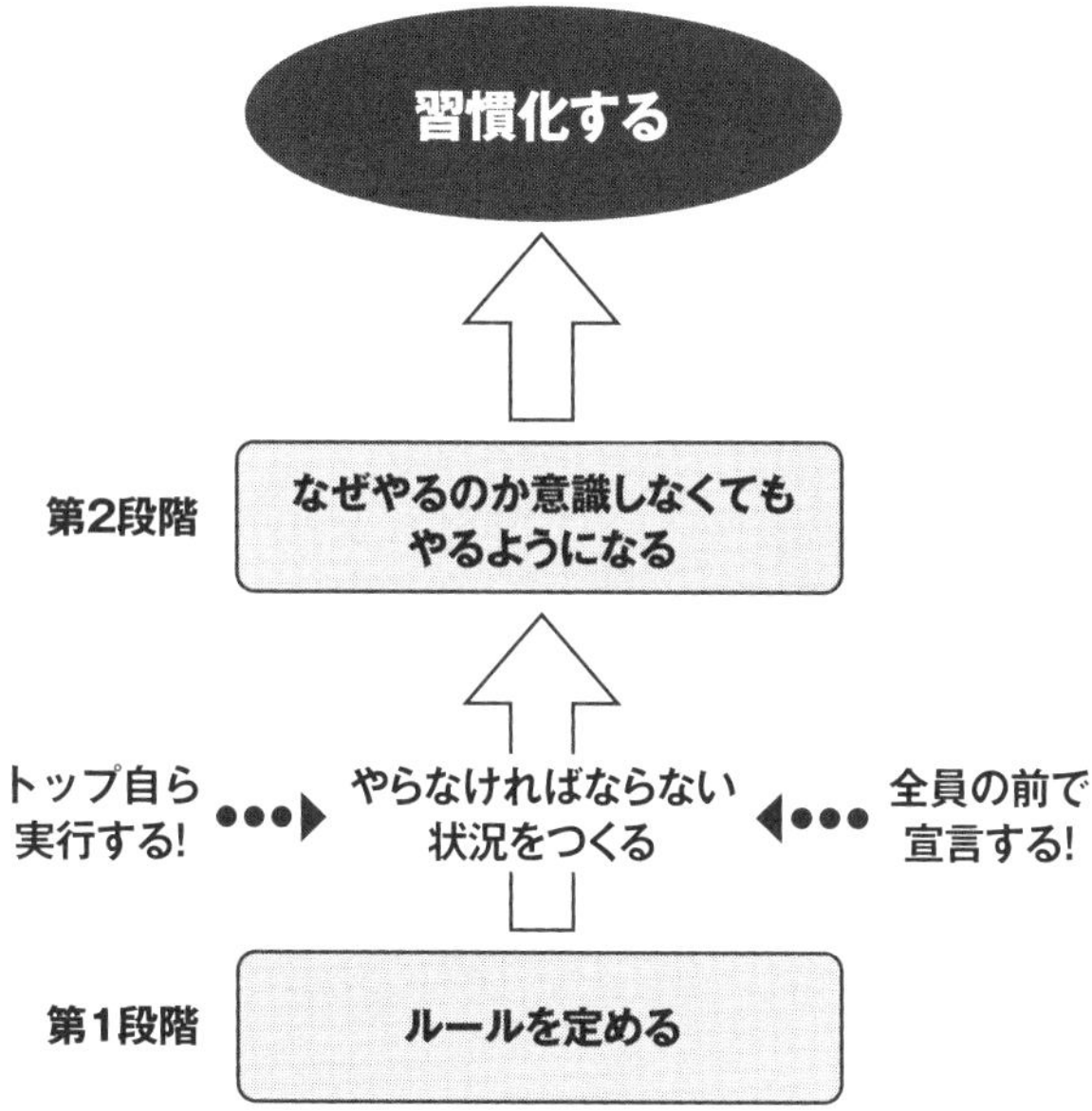
習慣化する
第2段階
なぜやるのか意識しなくても
やるようになる
トップ自ら
実行する!
やらなければならない
状況をつくる
全員の前で
宣言する!
第1段階
ルールを定める

ものごとを徹底してやり続けるには
それを習慣化すればよい

最適な教育環境のためには、安易な妥協をしないのが徹底である。徹底と継続はワンセットだが、まず本項では徹底して述べていく。

まずあいさつから徹底せよ

私の徹底体験をお話ししよう。社長時代に自身が徹底し、次に全社に徹底させた事柄がいくつかある。そのうちの1つが、あいさつである。たかがあいさつと軽んじるなかれ。あいさつさえ満足にできていない会社に、よい会社はない。あいさつ1つ満足にできない社員に、できる社員はいない。たかがあいさつ、されどあいさつなのだ。実際、あいさつが徹底されている職場というのは、長い年月、いろいろな会社を見ているが、ほんのひと握りにしか過ぎない。

私が請われてある外資系企業の社長職に就いたときのことである。出社1日目にどうも職場に闊達《かったつ》さがないことが気になった。全体に活気がなく沈んでいるのだ。会社に元気がなくて業績が上がるはずがない。社員に活気がないということは、実は深刻な危機なのである。

そこで私は、朝、顔を合わせたらあいさつ、昼にすれ違ってもあいさつ、夕方帰るときもあいさつ、外出するときもあいさつ、帰社したときにもあいさつ、とにかく、とことんあいさつを徹底することにした。

あいさつはすべてのはじまりである。あいさつが徹底されるようになれば、堤防が蟻《あり》の一穴《いっけつ》から崩壊するように一気に物事は進みだす。しかし、「あいさつ励行」とスローガンを掲げただけでは、誰も積極的にあいさつしようとはしない。

すべては「隗《かい》より始めよ」である。私はあいさつのルールを、あいさつは先に相手に気づいたほうからすると定め公表した。即日、私はルールにのっとって社員の顔を見るたびに私からあいさつをした。あいさつだけでは物足りないので、ひと声かけることも徹底した。

ひと声は「元気？」「レポートありがとう」など、思いついた言葉をかけた。特に何か思いつかないときには「今日はいい天気だね」と、あいさつのひと声を添えた。

社長自らあいさつを徹底すれば社員は必ず動き出す。最初は小さな声でも、声はしだいに大きくなり、次にはそこから会話が始まり、小ミーティングがあちこちで見られるようになった。あいさつから職場の活気が生まれたのである。

あいさつは、確かにたかがあいさつである。小さなことだ。だが、小さなことすらできない人には大きなことができるはずがない。肝心なのは徹底である。

THE POWER of 7
15

LEADERSHIP

育てる力

トップの「育てる力」とは次の3つの力である。

まず自分を育てる力、次に人を育てる力、そして会社を育てる力である。この3つの力はばらばらな力ではない。ひとつながりになっている力だ。私は「会社育ては人育て、人育ては自分育て」と唱えている。

第1章の「経営品質を上げる力」でも述べたが、会社におけるすべての原点はトップたる経営者にある。トップが育つ、すなわち経営者品質を上げなければ、社員は育たない。社員が育たなければ会社が育つこともあり得ない。

松下幸之助氏が「我が社は人をつくります。それから物をつくります」と言ったのは、まさに至言である。

さらにつけ加えるなら、「その前に自分をつくります」ということになる。自分を育てる、人を育てる、会社を育てるというからには、どういう自分、どういう人、どういう会社に育てるのかということになる。そこで肝心なのが「BIGの前にGOODであれ」だ。まず目指すべきはGOODである。

育てる力

ビジネスパーソンの品質

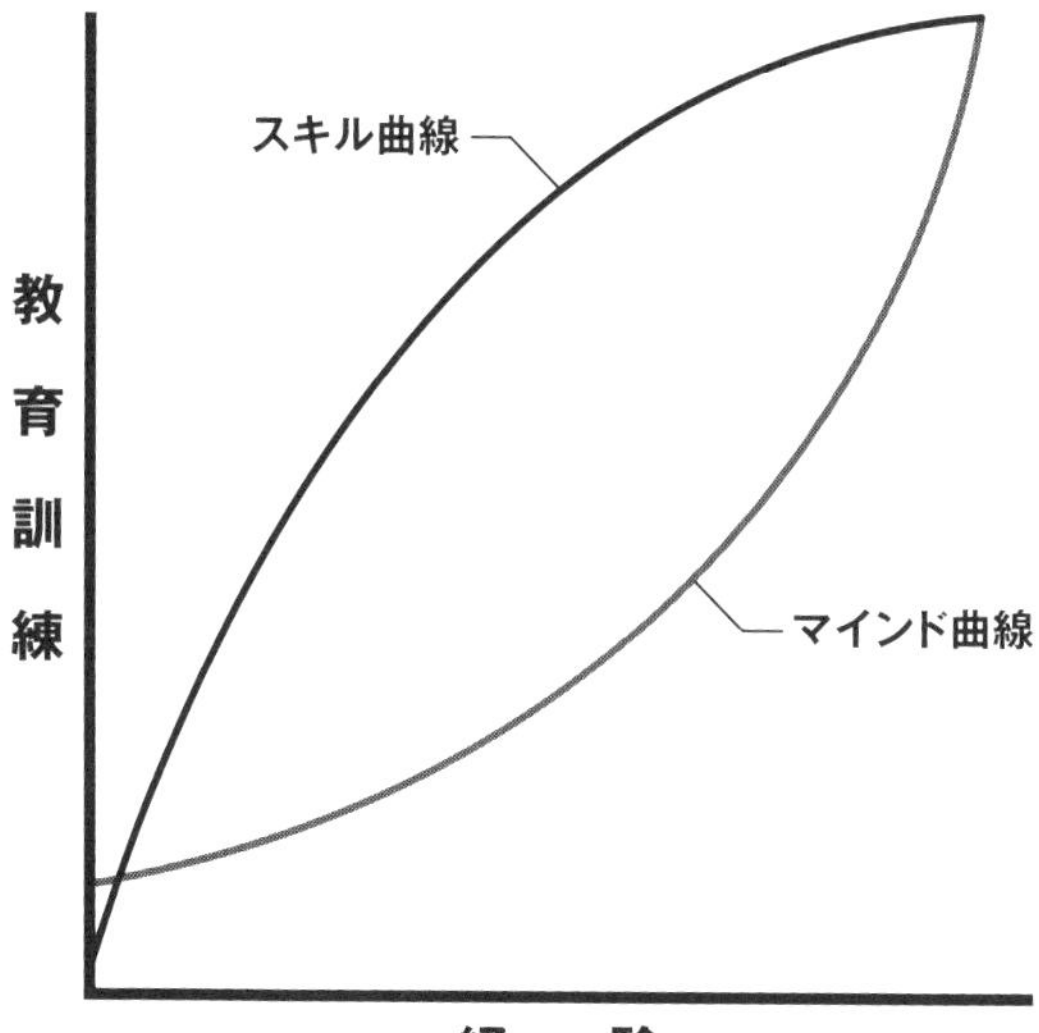

マインドは経験によって大きく伸びる
人を育てるには修羅を経験させよ

人は修羅場を経験して伸びる

ビジネスパーソンが成長するのは、困難な仕事を経験したときだ。言葉を変えれば、人は修羅場をくぐり抜けることで一皮も二皮も剥けるということである。修羅場の経験はスキルもさることながら、マインドの成長に寄与するところが大きい。スキルはある段階で伸び率は小さくなるが、マインドは経験を積めば積むほど大きく伸びていく。これはトップ自身でも、社員でも同じことがいえる。

修羅場とは困難な仕事、結果責任（アカウンタビリティ）を負う仕事である。したがってトップは自分育てのために、自ら積極的に新しい仕事、困難な仕事に挑戦するべきである。また、部下を育てようと思ったら、部下にどんどん困難な仕事という「チャンス」と「チャレンジ」を与えるべきである。その際、心得ておくべきことは2つある。

1つは事前の瀬踏みだ。人にはそれぞれ身の丈というものがある。どうやっても到底できそうにないような難しい仕事を、どう見てもやれそうにない人にやらせるのは、人を育てるための行為ではない。育てるどころか芽を摘んでしまう。

チャンスではなく、罰を与えるようなものである。

トップが部下に修羅場を経験させるときには、相手の能力（仕事力＋人間力）を見て、しっかり事前の瀬踏みをしたうえで修羅場へ送り出す必要がある。単に修羅場を経験させればよいわけではない。目的はあくまでも人育てである。

では瀬踏みの基準とは何か。英語では〝Challenging but Attainable（挑戦的ではあるが達成可能）〟という。私の言葉では〝やってやれないことはない〟だ。

もう1つ心得ておくべきは、すべては愛をベースにすることである。

人を育てる背景には愛がある。社員に対して愛のないトップに、人を育てることはできない。部下に愛のないリーダーの下では人は育たない。この男（女）には立派に育ってほしい、成功してほしいという愛があれば、必然的にその人に応じたやり方が見つかるものだ。

私の部下に営業をやらせてもまったく売れない、人付き合いも下手という男がいた。しかし、彼には人が気づかない細かいことに気づくという個性があった。そこで私は、彼を社のコンプライアンス規定づくりのチームに入れた。

彼はそこで個性を発揮し、法理論をおさえ、他人が気づかない点にもよく気を配り、チームのメンバーとともに我が社のコンプライアンス規定を精緻なものに仕上げた。そして、法務部門のリーダーとしての道を拓いたのである。

決断する力

トップの仕事は決断の連続といってもよいだろう。決断するには強い意思が要る。そもそも決断とは痛みを伴う意思決定だからだ。決断という漢字は、大雨で川が氾濫《はんらん》しそうになったときに一ヵ所堤防を切って、一部地域を意図的に洪水にさせ、その他の地域を洪水から守るという非常手段に由来する。

そもそも決断と決定は別ものである。事前に十分なデータや資料があったうえで、いくつかの選択肢の中からどれかに決めることを決定という。痛みも伴わないし危険も少ない。一方、決断とはデータ、情報が不足の中であえて決めることを意味する。それだけリスクがある。

かつて日立製作所が7000億円を大きく超える巨額の赤字を計上したときに、事業会社に出ていた川村隆氏を呼び戻し、事業再編と建て直しを任せたのは、ときのトップの決断である。富士フイルムが写真のデジタル化の波に対応して、主力の写真フィルムから化粧品やバイオ事業に舵を切ったのも大きな決断だった。

反対に、決断できないままデジタル化の波に取り残され消えてしまったのが、

決断する力

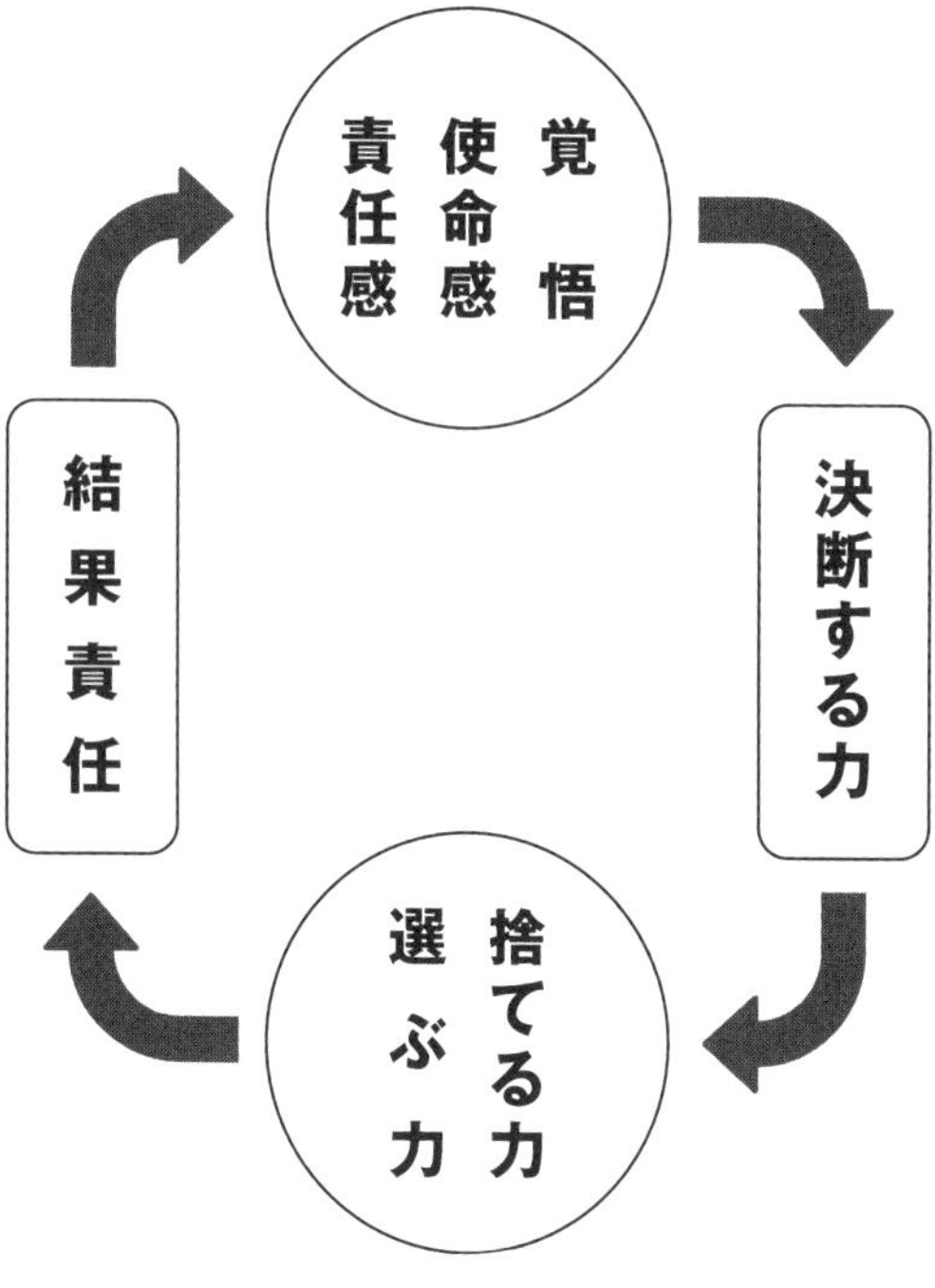

アメリカの代表的な写真フィルム会社であったイーストマンコダック社である。よい場合も、悪い場合も、その根源にはトップの迅速《じんそく》な決断力がある。間違いがないようにという気持ちが働いて、調査と稟議《りんぎ》を重ねている間に、ビジネスチャンスという名のバスに乗り遅れてしまう。分析ばかりに時間をとられると組織は麻痺《まひ》してしまう。決断は拙速《せっそく》ではいけないが、迅速でなければならない。

決断の背後にある責任感と使命感と覚悟

トップには結果責任がある。人は結果責任があるから、とかく慎重に考えて決断を先送りにしてしまうことがある。しかし、それでは本末転倒である。結果責任を恐れ、決断する責任感も、使命感も、勇気も持てないようでは、トップ失格と言わざるを得ない。

企業の体質に問題があることを知りながら、ついに誰も決断しないまま経営危機に陥った会社は枚挙に暇《いとま》がない。現代の名経営者の1人、京セラ創業者の稲盛和夫氏が、再建に乗り出す前の日本航空もその1つだった。

問題を先送りにするために、社員に辻褄《つじつま》合わせの粉飾をやらせていた東芝の場合は、依然としてトンネルの出口が見えないままである。

トップの決断を支える力は責任感、使命感、それに覚悟だ。トップの責任感、使命感、覚悟が強ければ決断する力も強くなる。決断する力が強ければ何を捨てて何を選ぶかという選択と集中の力も上がる。廃棄と選択と集中の力が上がれば自ずと結果もついてくる。

1つの決断による結果責任を負うことで、トップの責任感、使命感、覚悟もレベルアップし、トップの経営者品質は一段上のステージへと昇る。

決断の力とは、何かを進めるときだけの力ではない。何かをやめるときにも決断の力は必要だ。むしろ、長い時間と資金を投入してきた事業を途中でやめることのほうが困難な場合がある。トップが中止を決断しても、事業に関わった社員たちはあきらめがつかないからだ。

欧米企業では、事業の準備段階から撤退のルールを決めている。定められた期間内に定められた目標に届かない場合には、撤退すると事前に決めておくのだ。撤退のルールを予《あらかじ》め決めておくことで、社内の混乱と抵抗は小さくできる。何かを「やる勇気」に加え、「止める勇気」が重要なのだ。

2000年代初頭、日本に欧米の大型スーパーがいくつも進出したが、彼らは撤退するのも早かった。それが欧米人の決断力である。

LEADERSHIP

THE POWER of 7

17

行動する力

古来、「百聞は一見に如かず、百見は一考に如かず、百考は一行に如かず」という。百の見聞、百の熟慮も1つの行動に及ばないということである。

明治から大正期に、行政官・政治家として国家建設に辣腕《らつわん》を振るった後藤新平も「妄想するより活動せよ。疑惑するより活動せよ」と行動の重要さを唱えている。物事はやってみなければ本当のところはわからない。その結果が成功だったにせよ、失敗したにせよ、経験ほど貴重な宝はないといえる。

行動なくして結果なし。すべての結果は行動から生まれる。行動してみなければ、何ごとも始まらない。

水泳の本を読んでも、実際に水に入って泳がなければ水泳は上達しない。ゴルフの本を読破したところで、自分でクラブを振らなければゴルフは上達しない。行動が重要ということに異論はないだろう。では、トップが行動することは組織にどんな効果をもたらすのだろうか。ここでそのすべてについて言及はできないが、そのうちで特に重要な点について確認しておこう。左ページの図で示したように、トップの行動からは人望、社員へのよき手本、生きた情報がもたらされる。

行動する力

トップの行動が生み出す効果

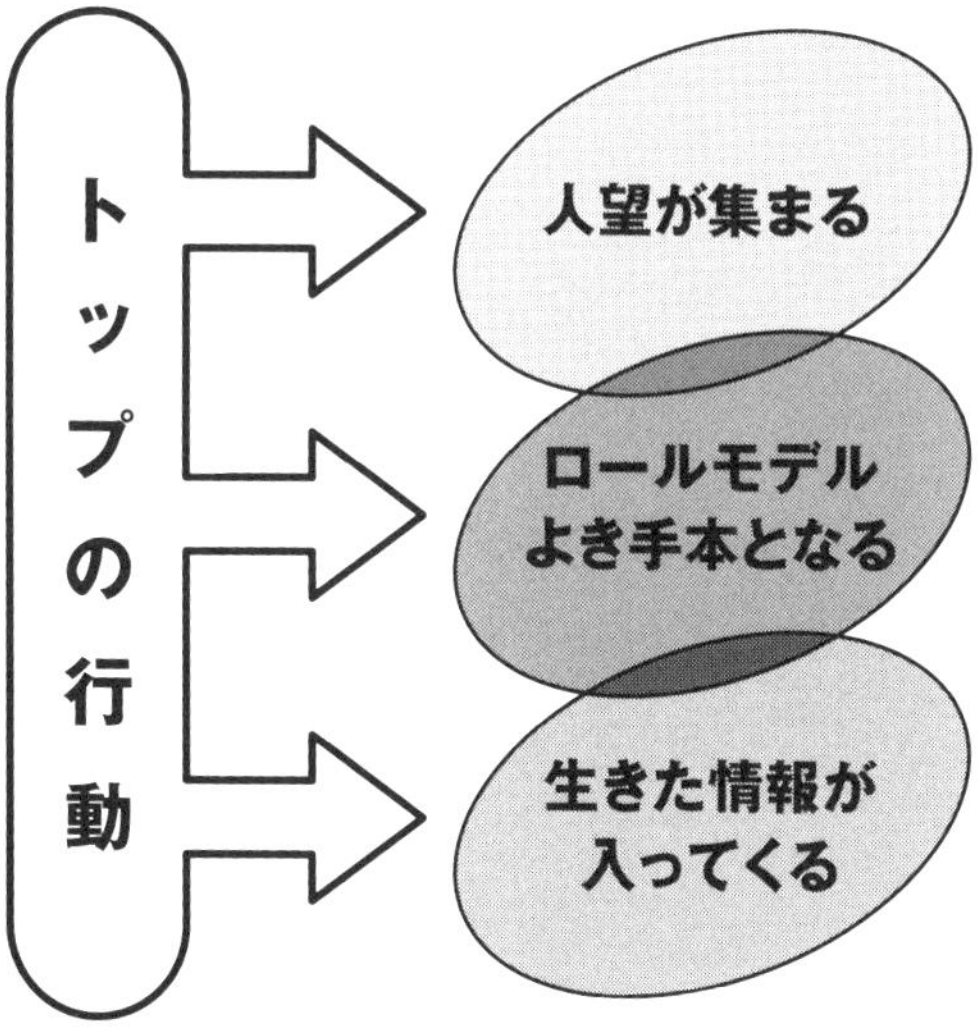

人望は行動の結果である

トップの仕事とは、再三ここで述べている通り「人を通じて結果を出す」ことである。同じ言葉でも、その言葉を発する人の人望によって伝わり方が違う。人望のある人の言葉はより強く響く。一方、人望に乏しい人の言葉は空虚である。まったく心に響かない。

では、どういう行動によって人は人望を得られるのか。人望とは、その人の行いによって決まる。「言うは易く行うは難し」といわれるように、人は行動によって評価が定まるのだ。言うだけの人、口だけの人に「人を通じて結果を出す」ことはできない。

アメリカがイギリスから独立したとき、勝利の功労者であるジョージ・ワシントンを新生アメリカのリーダーに推す声が高まった。この当時のアメリカ市民は民主制というものをまだ知らない。

彼らが知っていたのはイギリス国王という君主制である。

イギリス国王の支配から脱したアメリカ市民は、ワシントンを新しい国王に立て国を治めることを考えていた。

しかし、ワシントンには民主制の構想があった。そのため大統領には任期を定め、任期が終了したら次の大統領を選ぶという制度にしたのである。

人は権力の誘いに弱い。「権力は腐敗する。絶対権力は絶対腐敗する」（イギリスの歴史家アクトン卿）という言葉もある。

状況が許せば己の手中に権力を収め、決して手放そうとはしないものだ。ワシントンは権力の甘い誘いには毅然として乗らなかった。

そういう人物だったから、アメリカ市民は「新しいリーダー」にワシントンを選んだのだ。

「すべてのビジネスの機会は会社の外にある。社内にあるのはコストだけだ」（ピーター・ドラッカー）。

「トップは外に出よ」のことをHP（ヒューレット・パッカード）社ではMBWA（〝Management By Walking Around〟）、「歩き回る経営」と呼んだ。私はこれを「社長は猟犬であるべきだ。穴熊《あなぐま》社長になってはいけない」と言っている。

外に出たら、問題意識を持ってモノを見ること、聴くことが大事である。せっかく外に出ているのだから、問題意識を持って物事を見ることをおすすめする。

第3章　実績を上げる力

THE POWER of 7　CHAPTER 3 “PERFORMANCE”

THE POWER of 7 18

PERFORMANCE

先を見る力

先見力のないトップに導かれた企業は、やがて行き詰り縮小を余儀なくされてしまう。その典型例は、やはり近年不祥事が続く東芝の原子力事業に見られる。

東芝がウエスティングハウスを買収した目的は原子力事業の強化だった。

買収当時は、経済紙にもこれで東芝の原子力事業は世界のトップに並んだと、東芝の将来を輝かしく持てはやす記事が踊った。しかし、肝心のアメリカの原子力事業はすでに衰退していたのである。

経済紙記者の見る目のなさも嘆かわしいが、東芝の経営者はさらに見る目がなかった。すでに業績が悪化していたウエスティングハウスのブランド価値（のれん代）を過剰に評価し、高い買い物をしたのである。

結局、アメリカ国内の原子力産業の低迷を背景に、ウエスティングハウスはその後も業績が振るわず、東芝はその処理のために歴代最悪の赤字を計上した。

原子力産業に未来の光明を見出した当時の経営陣には、あくまでも結果論ではあるが、先を見る目がなかったと言わざるを得ない。

先を見る力

先を見る力の5元素

知識	→ 歴史に学ぶ
すべての基本	
見識	→ 問題意識を持つ
知識と感性を合わせ持った直観力	→ 直観・閃きに優れる
目が曇っていない	→ 過去の成功にこだわらない
他者の風評に惑わされない	→ 現場、現物、現実主義

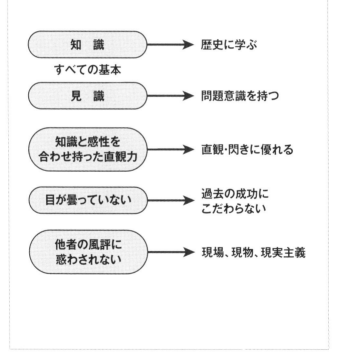

使用済み核燃料の処理ができないという原発の問題は、アメリカでもヨーロッパでもすでに社会問題化しつつあったのだ。結果論とはいえ、こうしたマイナス材料に注目すれば先を見る、すなわち将来の動向を見通すことも不可能ではなかったはずである。「先を見る力」の重要さは東芝の失敗例を見ても明らかだ。

先見力を得るには

先を見るためには、知識をベースに経験と直観力を磨くしか手はない。経験に支えられた直観力こそが、先見力を得るための最高の武器なのである。

〝Connecting the dots〟という言葉がスティーブ・ジョブズのスピーチの中に出ている。知識や経験という「点」を結びつけて知恵や先見性に昇華（アウフヘーベン）させる、という意味である。

特に重要なのが経験の力だ。状況を分析するために必要なのも経験、想像力の元になるのも経験、閃きの元も経験だ。人は経験に学ぶ人と学ばない人に分類される。ただただ長い間経験を積めばよいわけではない。

肝要なのは経験から学ぶことだ。また、経験に加え、先見力を培《つちか》うためのもう1つの要件は問題意識である。心の中に問題意識があれば、必然的に将来はどうなる？　将来をどう創る？　という、先を考え、先を見通す力がついてくる。

先述した二宮金次郎は、あるとき、その年最初に採れた茄子《なす》を食べて異変を感じた。茄子の味が例年と違っていたのだ。まだ夏にもなっていないのに、茄子はすでに秋茄子の味だったのである。

いつもの年と茄子の味が違うことに気づいた金次郎はある閃きを覚えた。「今年は冷害になる」。冷害を直観した金次郎は昔からの文献に当たって、過去に起きた冷害とその予兆を調べた。その結果、彼の閃きは確信に変わった。金次郎は直ちに配下の村落に触れを出し、農民に田植えを止め、蕎麦《そば》など寒さに強い野菜・穀物を作付けするように指示をした。

すでに農作業を始めていた農民からは非難が続出した。作付けを終えていた農家からは補償を求める声もあった。しかし、金次郎の指示は徹底していた。

果たしてその年の夏は例年になく気温が低く、日本中の村々の稲や夏野菜は深刻な冷害に襲われた。飢饉《ききん》である。他の藩が飢饉に苦しむ中、金次郎の配下の村々は予め冷害対策を講じていたおかげで1人の餓死者も出さずに済んだ。

正しい判断は先を見通す力によって生まれる。金次郎は茄子の味をきっかけに、数ヵ月先に起きる冷害を見通した。これは知識だけの人にはできないことである。

戦術の力

トップにとって戦術の力とは、目一杯「任せ切る」力である。

戦略が「何をやる」であるのに対し戦術は「どうやる」だ。戦略を決定するのはトップの仕事だが、「どうやる」という戦術の決定と実行は現場の仕事である。戦術づくりにおけるトップの役割は、戦術づくりの前工程の戦略（「何をやる」）を決めてしっかりと現場に落とし込むことだ。

戦術の実行で肝心なことは「正しくやる〝Doing Things Right〟」である。戦略で定めた「やるべきこと」を戦術で「正しくやる」ことで、戦術ははじめて十分な効果を発揮する。どんなにやり方が正しくても、そもそも間違ったことをやっていては結果は出ない。戦略とは「正しいことをやる〝Doing Right Things〟」なのだ。

そのために現場は、戦略を正しく理解していなければならない。

戦略を正しく理解するためには、会社の目指す「方向性＝理念＋目標＋戦略」の全体像を理解することが必要だ。この「方向性＝理念＋目標＋戦略」の相互の関係性を理解することで、戦略の持つ意味が立体的に理解できる。

戦術の力

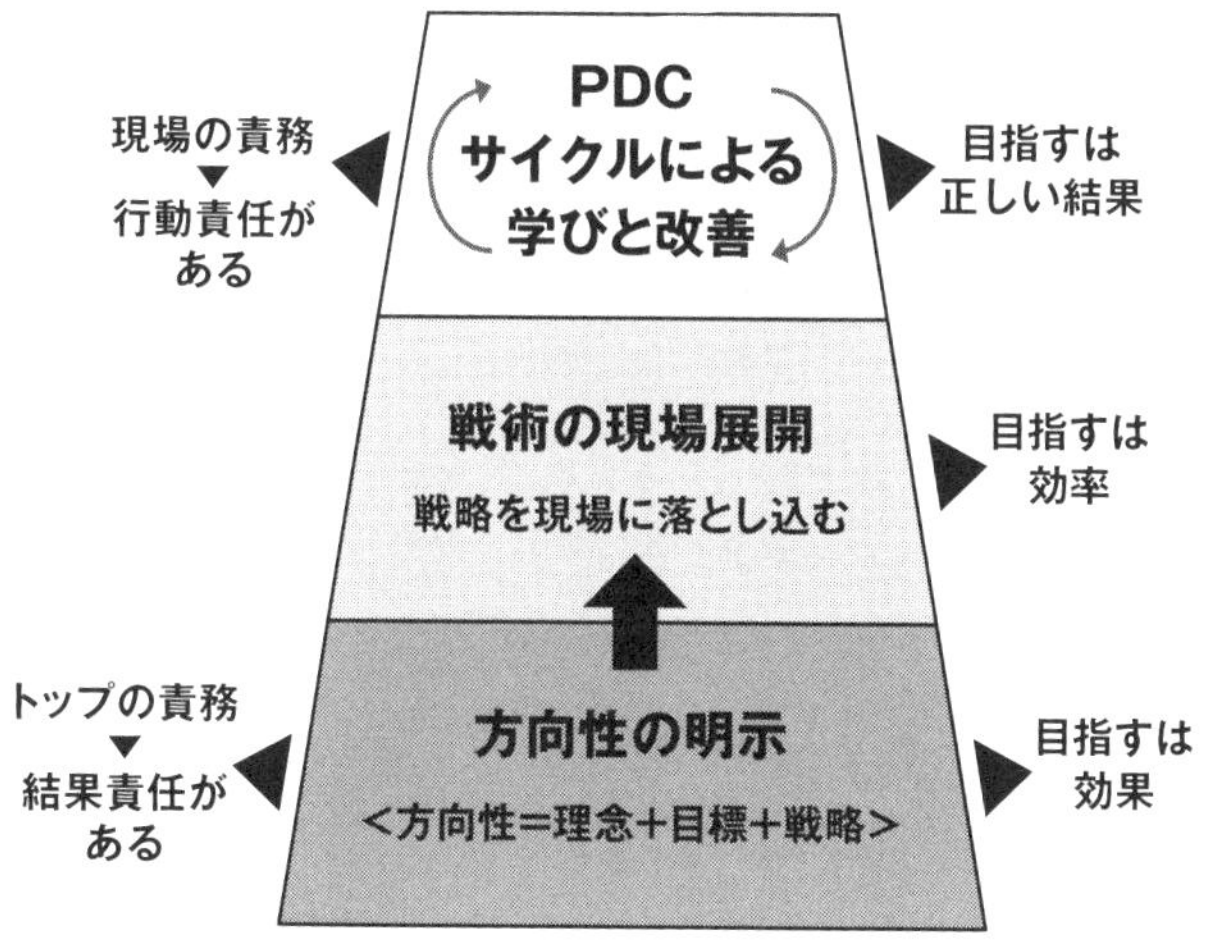
PDC
サイクルによる
学びと改善
現場の責務
▼
行動責任が
ある
目指すは
正しい結果
戦術の現場展開
戦略を現場に落とし込む
目指すは
効率
方向性の明示
<方向性＝理念＋目標＋戦略>
トップの責務
▼
結果責任が
ある
目指すは
効果

これを現場に落とし込むのがトップの仕事である。

戦略は「理念に沿っている」ものでなければならず、戦術の条件は「戦略に沿っている」ことである。戦略の正しい理解なしに、正しい戦術は生まれない。

戦略を正しく理解するためには、企業理念を正しく理解し、将来どういう企業を目指すのかという企業のあらまほしき姿を共有することが必要だ。理念と目標の共有があって、戦略の正しい理解が生まれる。「理念なき目標はノルマと化す」というが、さらに続ければ「目標なき戦略は徒労と化す」のである。

戦略が目指す効果、戦術が目指す効率

戦略も戦術も結果を求める。だが、この結果についても混同している人が多い。戦略が求めるのは効果である。一方、戦術が追求するのは効率だ。時間当たり生産量を20％上げることが目標としよう。設備投資をして時間当たり生産量を20％向上させれば効率がアップしたことになる。これがすなわち戦術である。

しかし、生産量が20％アップしたからといって利益が20％上がるとは限らない。売れない商品をいかに効率よくつくっても、利益には貢献しない。利益が20％以上伸びて、はじめて「効果」が表れたということだ。「効率」が「効果」を生

むために肝心なのは、「どうつくるか」の前に「何をつくるか」ということだ。

何をつくるかという戦略によって「効果」は決まる。

利益となるか否かの「効果」は戦略による。戦術は仕事の「効率」を上げることに貢献する力なのである。したがって戦術では戦略の誤りを補うことはできない。戦術を正しく実行したとしても、戦略が間違っていれば経営としては失敗ということになる。

「効果」を生み出す戦略づくりはトップの責務である。したがってトップは、戦略造りに関する結果責任を負うことになる。

一方、戦術は現場の責務である。これは第5章に後述する「任せる力」でも述べていることだが、現場に任せるということは、トップといえども安易に戦術に介入すべきではない。といって任せっぱなしということもあり得ない。

現場には戦術の策定と実行責任がある。よって、現場は定期的に（頻繁に）実行状況について点検、報告する義務を負う。報告には「どうやったか」という進捗報告だけではなく、「これからどうする」という改善報告が必須となる。

戦術の実行においても、ＰＤＣサイクルを回すことが正しい結果を出すために欠かせない。

THE POWER of 20

PERFORMANCE

リスクをとる力

「おかげさまで定年まで定年まで大過《たいか》なく勤めることができました」

定年を迎えたサラリーマンが送別会のときに口にする常套句である。私はこの言葉にひっかかりを覚えてならない。大過なくとは、大失敗はしなかったが、大成功もなかったと告白しているようなものだ。大過なくして大功はない。

大失敗する者だけが大成功を収める。安全運転だけでは、レースに勝つことはできない。リスクをとってでも、勝負に出るときには出ることで勝機をつかむことができる。〝The greatest risk is not take a risk（最大のリスクとはリスクをとらないことである）〟という。

大過なしという、ことなかれ主義では実は生き残ることもできないのである。

トップたる者、失敗のリスクをとる覚悟が必要だ。しかし、リスクをとる勇気と覚悟を蛮勇《ばんゆう》と同一視してはならない。暴虎馮河《ぼうこひょうが》（素手で虎と戦い、歩いて黄河を渡る）の類は、自暴自棄の無茶であり自殺行為であって、トップのとるべきリスクとは違う。トップのとるべきリスクとは、「計算されたリスク」（〝Calculated Risk〟）でなければならない。

リスクをとる力

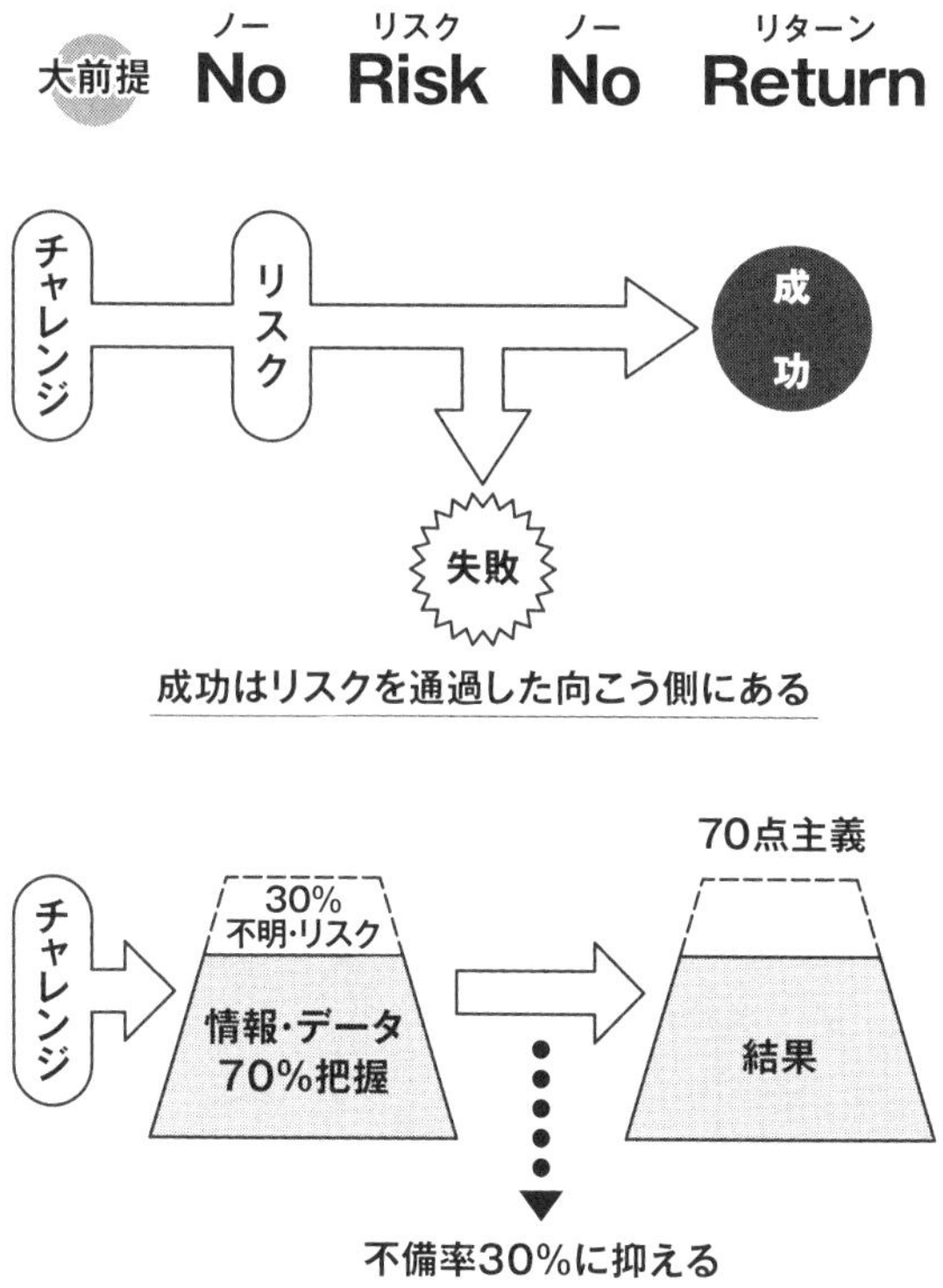
大前提
No《ノー》 Risk《リスク》 No《ノー》 Return《リターン》
チャレンジ
リスク
成功
失敗
成功はリスクを通過した向こう側にある
70点主義
チャレンジ
30%
不明・リスク
情報・データ
70%把握
結果
不備率30%に抑える

マネジメントは70点主義

私はリスクテイキングの要諦は「70点主義」と考えている。完璧主義は基本的には望ましいことだが、現実のビジネスの世界ではあり得ない。リスクをとるといっても成功すれば1億円の利益、失敗したら1億円の損失というオール・オア・ナッシングでなく、失敗したときに全てを失うことのないようにダメージをコントロールすることである。

そこで、あわよくば100点などと過剰な期待をせずに、タイミングがそれを必要とする場合は、あえて「70点主義」で勝負に出ることが、「計算されたリスク」のとり方だといえる。それでも点数を読み誤ればリスクは増大する。70点主義を実践するためには、足りない情報や資料は何かがわかっていなければならない。不足の計算ができていないと不測の事態を招く。では「70点主義」の決断力を磨くにはどうすればよいか。

リスクを計算するために必要となるのは知識、見識、胆識だ。特に重要になるのが胆識である。知識はなくてはならないが、知識だけではNATO（〝No Action Talk Only〟）となる。対して胆識はWTT（〝Walk The Talk〟＝言行一致、知行合一）である。胆識は蛮勇の対極にある。

最後の最後は「さあ殺せ」と覚悟を決めるのも、リスクをとる力である。

覚悟を決めるうえで必要なのが、期待どおりにことが進まなかった場合の是正措置だ。1つ上手くいかなかっただけで「さあ殺せ」では、トップの覚悟とはいえない。覚悟を決める前に打つべき是正措置がなくてはいけない。

昭和初年に1冊1円の「日本文学全集」を出した改造社の山本實彦氏は、大量返品というハイリスク・ハイリターンの出版に踏み切った。その結果、昭和のはじめに円本（1冊1円の本）ブームが巻き起こり、次々と他社が参入した。

ほぼ同時期に岩波書店の岩波茂雄氏は、いまに続く「岩波文庫」を創刊した。円本ブームの中あえて廉価版の本を出すのはリスクを伴った決断だ。

円本は多くの出版社が参入したことによって過剰供給され、市場に円本があふれ大量返品が発生、出版社の経営を苦しめ円本は市場から姿を消した。一方、ブームに逆らって創刊した「岩波文庫」は長い歳月を生き抜いていまも健在だ。

高額の円本は返品可能。一方、安い岩波文庫は買い切りが原則である。岩波氏は「計算されたリスク」をとった。さらに円本は、供給過剰になっても是正措置をとらなかった。結果、商品価値を一気に毀損《きそん》してしまったのである。

THE POWER of 7 21

PERFORMANCE

ブランドの力

ブランド価値のある商品は概して値下げ圧力に強い。マーケティング用語で言えば「価格弾力性」が低いのである。ブランドが持つ信用力、信頼力が商品・サービスの付加価値となっているのだ。原材料の価格が下がっても、あるいは競合商品が値下げで対抗しようとしても、ブランド価値が商品の価格を支えるため値下げを免れることができる。

値下げ圧力に強いという消極的な力に加え、ブランド価値は付加価値全体を押し上げるという積極的な力を発揮する。したがって高い利益率を維持できる。

ブランドとは、ブランド品と呼ばれる有名商品のことだけではない。

トヨタやホンダという企業名も、また世界的なブランドである。企業のブランド価値は、のれん代として企業の資産にも計上される。また、消費財だけでなく、工具や工作機械にもブランド品はある。農産品や水産物でも、利尻の昆布や松阪牛、魚沼産コシヒカリ、夕張メロンなどの、いわゆるご当地ブランドもある。

ブランドの本質とは、商品・サービス自体の、あるいはそれを提供している地域の伝統や会社の歴史を背景とした顧客に対する信用力、信頼力である。

ブランドの力

―ブランド価格の下方硬直性―

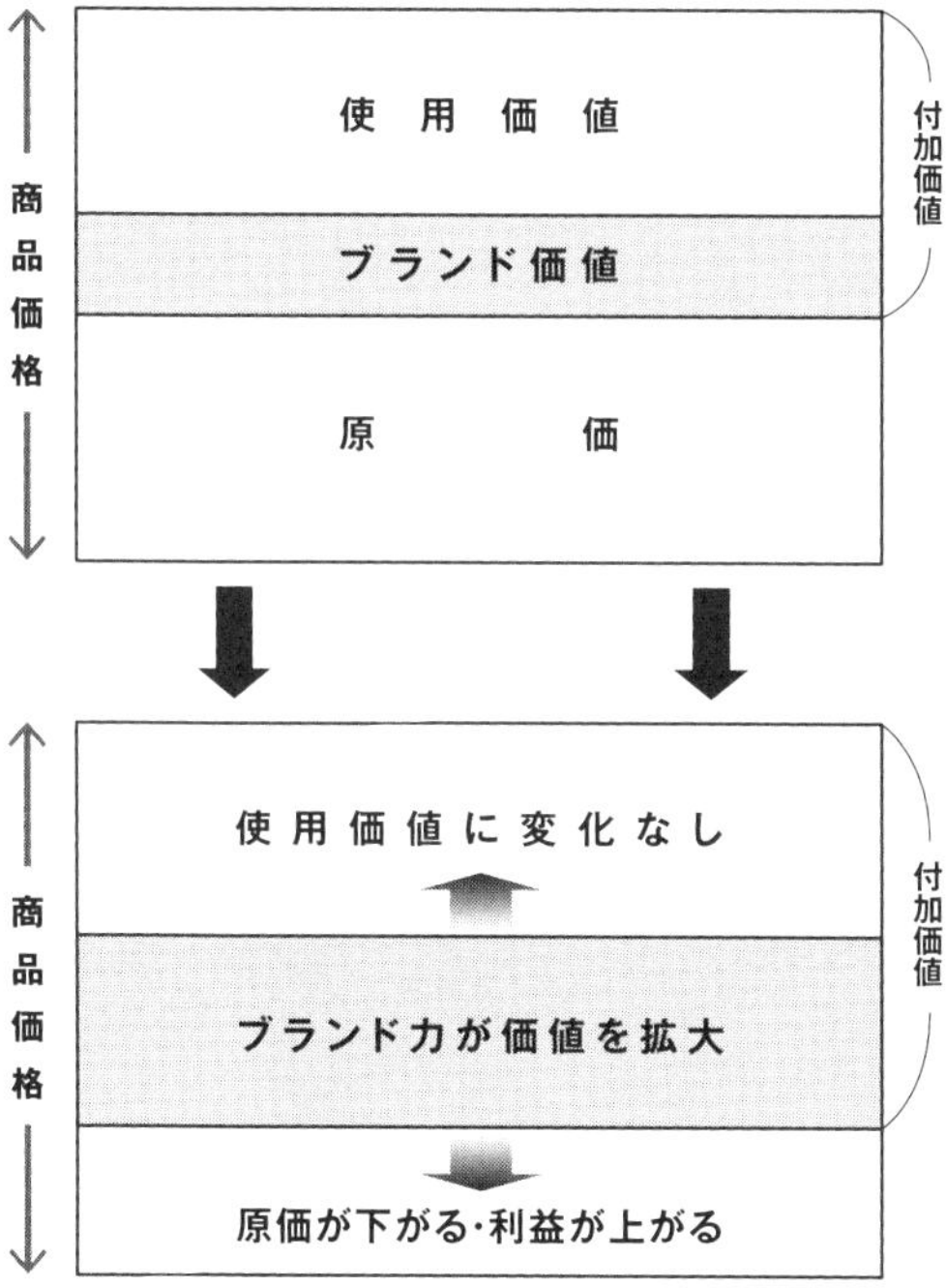

原価が下がっても、ブランド力が付加価値を押し上げ、価格が維持できる

また、ブランド価値は差別化の決め手ともなる。技術はマネできるが、ブランドはマネできない。2つと同じブランドはないのである。

ブランドは企業努力の積み重ね、すなわちお客さまの評価の積み重ねから生まれたものだ。そこには歴史が必要となる。和菓子の「虎屋」のように500年を超える年月が強いブランドをつくるのだ。

ブランド価値を上げるには、実体の価値を上げよ

ブランドづくりには長い歳月がかかる。

一方、100年かけて築いたブランドも3ヵ月で壊滅することがある。近いところでは東芝もその一例であるし、企業解体に至った例としては雪印がある。

では、ブランドを築き、守るためにはどうすればよいだろうか。肝心なのはその商品および会社のサブスタンス（実体）である。病人にどんな晴れ着を着せても病気は治らない。広告宣伝費を膨大に投入してイメージだけを高めても、張子《はりこ》の虎はしょせん張子の虎である。結局、中味が大事なのだ。

ブランドづくりとはグッドカンパニーづくりに他ならない。

ここでもう一度、第1章の「経営品質を上げる力」を思い出してほしい。グッ

ドカンパニーづくりとは、経営者品質から始まり株主満足品質までの黄金のサイクルをレベルアップし続けることに尽きる。

企業ブランドを高めるというと、宣伝広告費をかけて知名度を上げたり、会社のマークを新しくしたりという見た目の戦術に捉われがちだが、それはブランドの本質を理解していない証拠だ。

昭和から平成のCIブームのときに、日本航空はそれまでの鶴のマークから新しくデザインされたマークに変更した。導入されたマークはJALブランドの新しい象徴であった。しかし、マークを刷新してもJALの体質はなんら変わらなかったのである。やはり病人に晴れ着を着せても、病気は治らなかったのだ。

変えるべきはマークやロゴよりも会社の体質だ。イメージ先行のブランドづくりにいくら予算をかけても、実体が伴わなければブランド価値も損なわれる。

稲盛和夫氏が日本航空を立て直したとき、マークを昭和の時代の鶴のマークに戻した。日本航空が、かつての信頼を取り戻そうと再出発するときのマークは、やはりかつてのものだったのである。

ブランドとは、黄金のサイクルを長い歳月をかけてレベルアップし続けた結果である。広告宣伝の結果ではない。

PDCを回す力

目標には行動計画がある。行動計画どおり実行して、予定通り目標が達成されればそれに越したことはないのだが、往々にして思った通りにことは運ばない。実際にやってみると、見落としもあるし、想定外のことも起こる。

そのため、どこかで計画の見直しをしなければならない。

この一連の流れがＰＬＡＮ（計画）ＤＯ（実行）ＣＨＥＣＫ（チェック）、通称ＰＤＣといわれるものだ。ＰＤＣで肝心なのはＣのチェックである。たいていの会社はＰ（計画）とＤ（実行）まではやっているが、Ｃがきちんとできている会社は意外に少ない。

チェックと改善のないＰＤＣは、その場でくるくると回転するだけの「二十日鼠のＰＤＣサイクル」である。正しいＰＤＣサイクルとは、ＰＤＣが一回転するたびにレベルアップしていくＰＤＣサイクルである。私はこれを「昇り龍のＰＤＣサイクル」といっている。「昇り龍のＰＤＣサイクル」を回すことも、目標の達成率を上げるための条件の１つである。

PDCを回す力

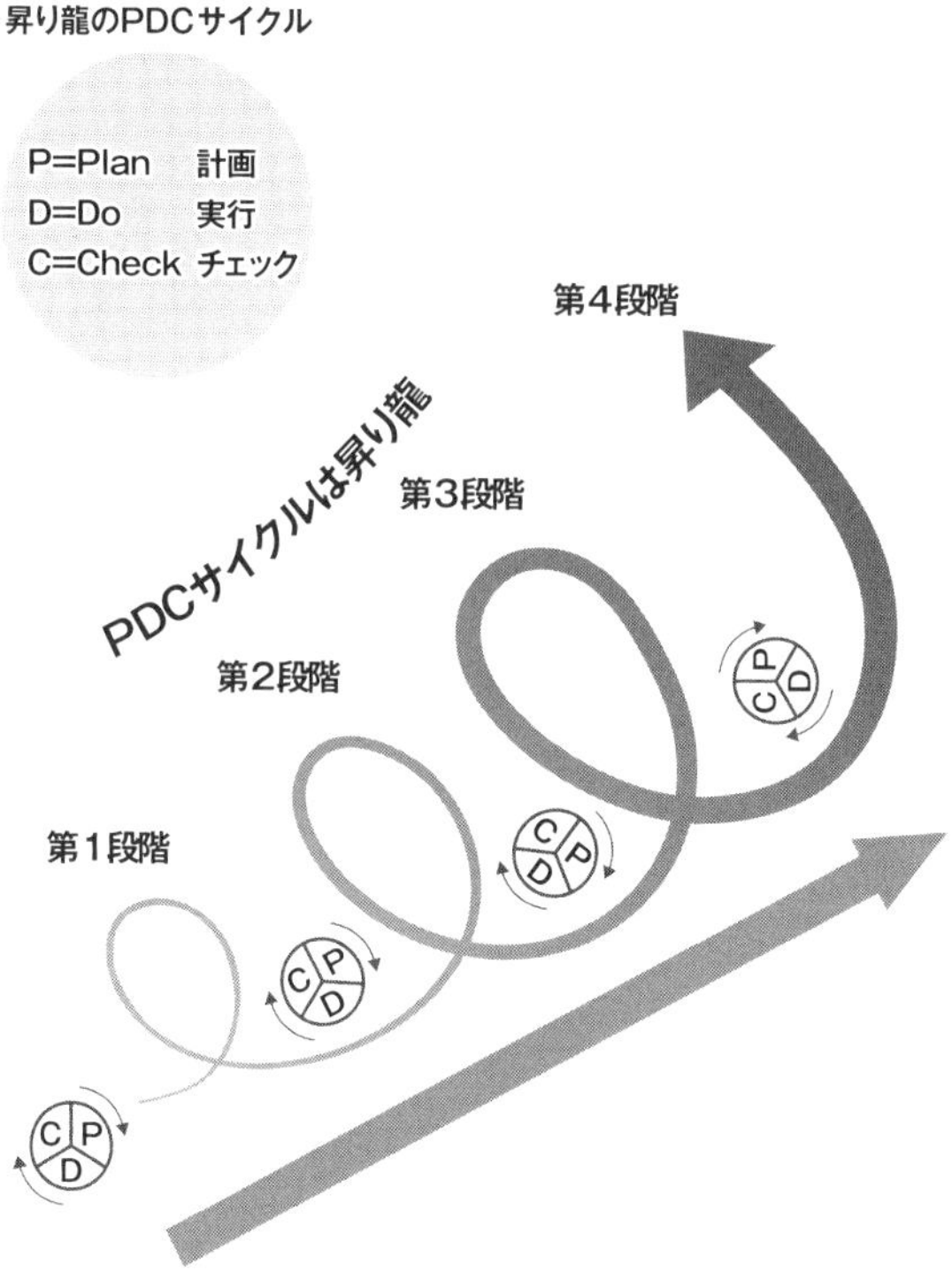
昇り龍のPDCサイクル
P=Plan 計画
D=Do 実行
C=Check チェック
PDCサイクルは昇り龍
第1段階
第2段階
第3段階
第4段階
C P D
C P D
C P D
C P D

改善があってはじめてＰＤＣは実行されたことになる。ＰＤＣ第一段階でのチェックと改善は、それがそのまま第二段階の計画に反映される。ＰＤＣの第二段階のチェックと改善は、第三段階の計画に反映される。このサイクルによって、ＰＤＣは「昇り龍のＰＤＣサイクル」となるのだ。ＰＤＣをＰＤＣＡと言う人もいる。Ａはアクション、改善のことだ。私はＣの中にＡを含んで考えている。ほとんどの会社のＰＤＣＡは「（Ｐ）パソコンと（Ｄ）電話で話をして（Ｃ）チェックはせずに（Ａ）後はよろしく」で終わっている。見事なまでの「二十日《はつか》鼠《ねずみ》のＰＤＣサイクル」である。そこには前進も成長もあり得ない。

会社を再建したＰＤＣサイクル

ある経営者が老舗の商社の経営再建に挑んだ。

まだ若い経営者だったが、老舗の商社は光学器械の専門商社であり、少年時代、天文観測や撮影が趣味だった経営者にとっては思い入れのある会社だった。会社更生法が適用された商社には管財人が入り、管財人から経営再建を依頼された。

経営者は、再建に全力を投入した。経営の根本である理念・目標・戦略以外の戦術に関しては現場に最大限の権限を与え、部署ごとの計画や日標管理は社員に任せていた。目標は2年後の黒字転換である。

現場はその目標を達成するために、各部署で計画を立てた。会社としてのチェックは四半期ごとに行った。最初の3ヵ月では、四半期目標に対する達成率は40%、このままでは年度の目標達成は著しく困難である。

だが、再建を担当する若い経営者は40%できたことに注目した。達成率わずか40%とはいえ、昨年まではやっていなかった、自分たちの手で計画し実行した結果である。数字は大幅に足りないが、これも成果の一部だ。

「これだけできたのだから、次の四半期はこれを倍にしよう」

経営者の言葉に鼓舞され、社員たちは各自で徹底的に改善点を探した。無論、日常の業務をこなしながらだ。

第2四半期の達成率は60%だった。まだ足りない、改善はさらに進んだ。第3四半期は80%、第4四半期はついに118%、年度としては達成率74・5%まで上げてきた。達成率はPDCサイクルを重ねるごとに上がっていった。

結果、再建会社の黒字化を1年半後に見事達成することになる。彼は、その成果を現場の力だと社員を賞賛していた。

THE POWER of 7

23

PERFORMANCE

改革・改善の力

仕事には改善（インプルーブメント）が必要だ。塵《ちり》も積もれば山となる。現場の小さな改善が、やがて企業の地力となるのである。

一方、企業には改革（イノベーション）が求められる。ビジネスの環境が変わる、企業の業域が変わる、企業規模が拡大するなど、大きな変化に対応するためには、会社全体を大胆に改革する必要があるからだ。

いち運送会社だったヤマト運輸は、個人向けの宅急便サービスを始めたことによって、より高度な物流のシステム化が必要となり、業界では最も早く、かつ大規模なＩＴ化に踏み切った。

物流の精度を上げなければ、広範な小口配送はできないからだ。

改善が日常の継続的な業務レベルの活動であるのに対し、改革は組織的な変化と飛躍を伴う経営的な目線で行われる。したがって、改善は現場が中心となって実行するが、改革はトップ主導でなければできない。

また、小さな改善を継続して結果を出している企業のほうが、改革にも適切に対応できることは体験的に言える事実だ。

改革・改善の力

	改革	改善
だれが	トップ	現場
どうやって	非日常的 大変化	日常化 小変化
リスク	大	小
テクノロジー 予算	必要	必ずしも 必要ではない
期待	大きな利益 成果	小さな利益の 積み重ね
現象	馬から車へ	馬車を10台 つなげる

「走ることができる前には歩けなければいけない」という言葉があるが、「改革の前に改善」が、変化に強い組織をつくる肝と言える。

「改善も長く続けりゃ改革だ」。これは私のつくった戯《ざ》れ歌であるが、1つの真実を突いている。改善の結果は小さい。改革によって得られる成果が100とすれば、改善で得られる成果は2か3である。

しかし、わずか2であっても50年続ければ100となる。

トヨタの「カイゼン」は世界に通用するほど有名になった言葉である。世界に通用するほど改善を徹底して継続したからこそ、トヨタは世界のトヨタになり得たともいえる。

派手な改革ばかりに注目が集まるが、本当の実力は目立たない改善によって培われる。トップは改善を軽視してはならないのだ。

現状を否定し変化を肯定せよ

「将来の成功を妨げる最大の敵は過去の成功である」という。

英語には〝Revenge of Success（成功の復讐）〟という言葉がある。過去の成功を金科玉条《きんかぎょくじょう》として、そこから一歩も出ようとしなければ未来は危うい。改革・改善の力を我がものとし、有効活用するためには自ら変わること、変えることを積極的に肯定することが重要である。

「愚か者とは昨日まで成功したやり方が明日も成功すると信じている者のことだ」ともいう。変化を積極的に取り入れることに関しても、トップ自らがロールモデル（生きた手本）でなければならない。

先述したように変化（チェンジ）はチャンスである。

そして変化（チェンジ）に対する最悪な対応は、現状維持に留まることだ。

人は、概して自ら変化することに恐怖と躊躇を抱く。変化することよりも、現状のほうがマシなのではないかと考えるのが人間の性だ。

しかし、世界的に環境問題への関心が高まっている中で、従来どおり温暖化効果ガスを大量に排出する大型車をつくり続けたGMは、一時的とはいえ国有化にまで経営が追い込まれた。GMはガバメント・モーターズという、あまり名誉とはいえない異名を与えられた。

変化（チェンジ）のときこそ、トップの改革・改善の力が問われる。トップは勇気を持って改革・改善に挑戦し続けなければいけない。

THE POWER of 24

PERFORMANCE

CSの力

CS（〝Customer Satisfaction〟）とは「顧客満足」のことである。

企業が業績を上げるためには顧客満足度を上げなければならない。これはビジネスパーソンであれば、誰でも先刻ご承知の常識中の常識だ。ところが、顧客満足とは何かということになると意外にわかっていない人が多い。

顧客満足について正しい理解をしていなければ、本当の顧客満足を実現することはできないし、顧客満足度が頭打ちになったとき、すぐに改善の手を打つことも不可能だ。まず、顧客満足とは何かを再認識する必要がある。

顧客満足は次の方程式で表せる。

その方程式とは「事前期待＝事後評価」だ。商品・サービスに対し顧客が事前に期待した水準とその商品・サービスを使用した事後の評価が等しい場合に、顧客満足は達成されることとなる。

言葉で表現すれば「さすが○○社の商品（サービス）は期待を裏切らない」という状態である。つまり、顧客の事前期待を裏切らないというのが、顧客満足の最低基準である。

CSの力

― 顧客満足と顧客感動の違い ―

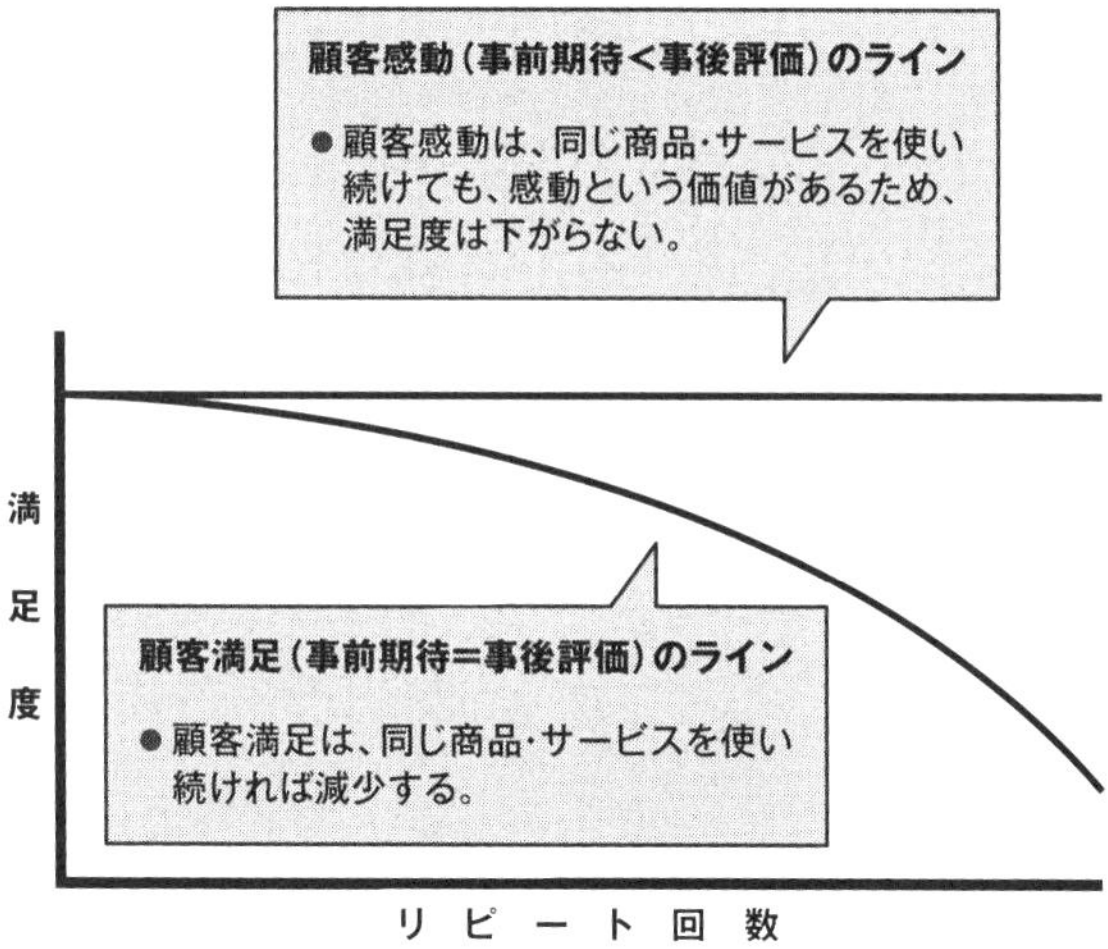

顧客満足＋驚き＝顧客感動

顧客満足を実現するためには、そもそも相手が何を期待しているかを把握していることが肝心だ。相手の期待がわからなければ、何を提供したらよいのかもわからない。そこで顧客の声、市場の声を聴くことが重要となる。

少子高齢化社会が進む中でビッグサイズの特売品を中心にして、お客を集めようとしてもロスばかり生むことになる。高齢者家庭や単身世帯の増加という社会の状況では、むしろ1回で消費し切れる量に「小分け」した商品に人気が集まる。小分け商品で成功したのがコンビニである。

顧客満足の原理原則にはもう1つある。顧客満足とは移り変わるもので、一定の水準に固定されたものではない。顧客の満足度は給料と同じで、昇格があったとしても時間が経てばその水準が当たり前となってしまう。

顧客満足を顧客感動に昇華せよ

顧客満足に「これでよい」はない。顧客の期待が高まれば、それを超える事後評価を勝ち取り続けることが、真の顧客満足である。

しかし、勝ち残る企業をつくるトップにとって、単なる顧客満足では「トップの力」とはならない。真の顧客満足とは顧客の期待に応えることではなく、顧客の期待を上回ることである。そこには感動（〝Delight〟）が生まれる。

顧客感動（CD）は、顧客満足（CS）の一段上の位置にある。

顧客感動とは「事前期待＜事後評価」であり、方程式で表せば「顧客満足＋驚き＝顧客感動」となる。事前期待を上回る感動をもたらすためには、顧客の欲望（ウォンツ：表面化していない要望）を感じ取らなければならない。

ニーズ（顕在化した欲求）に応えるだけでは顧客満足しか提供できないのだ。

顧客のウォンツを感じ取った事例としては、古くは「ウォークマン」、最近では「iPhone」のような超ヒット商品がある。

また、顧客感動を実現するためには、もう1つ大事なことがある。それは社員満足（〝Employee Satisfaction〟）である。社員満足なしに顧客満足はあり得ない。現場で直接顧客に商品・サービスを提供する社員が不満たらたらでは、顧客は感動どころか満足することさえできない。顧客と社会を満足させる品質は、社員満足から生まれる。ここでも、やはり人が原点なのである。

THE POWER of 25

PERFORMANCE

目標の力

目標には、個人の目標と部門や会社の目標がある。会社がやってほしい目標と、社員のやりたい目標は往々にしてすれ違う。ゆえにサラリーマンの最大の幸せは、自分のやりたい目標と会社の目標が一致したときだとさえ言われる。

肝心なのは、会社のやってほしい目標と社員がやりたい目標の一致である。社員の「やりたい感」のあるなしは、目標の達成率に大きく影響する。イヤイヤながら目標に取り組む「やらされ感」ばかりの社員が、目標達成に全力を尽くすということはまずあり得ない。

では、どうすれば社員に「やりたい感」をもって目標に取り組ませることができるのか。それは、目標が正しい目標であることに尽きる。スマート（SMART）であることが、正しい目標の原理原則だ。

目標にはチャレンジが必要である。大した努力なしに達成できる目標では、いくら目標を達成し続けても、達成感もなければ成長もない。こういう惰性《だせい》でやっているような目標には、達成に努力することで得られる情熱や誇り、やりがいは生まれることはない。

目標の力

― SMARTとは ―

S= Stretch（ストレッチ）

背伸びやジャンプで届くレベルに設定する。
いわば「やってやれないことはない目標」である。

M=Manageable（マネジメント可能）

目標はマネジメント可能であってこそ実現性が高まる。
10も20も目標を立てれば、どれひとつ満足な結果が出せない。3つか4つへの絞り込みが必要。

A= Accepted（納得性）

会社がやってほしい目標と、社員がやりたい目標を一致させ納得させるためには、とことん話し合うことが肝心。

R= Resource（リソース）

ヒト・モノ・カネ・情報・時間という経営資源の裏づけが必要。竹ヤリでは戦争に勝てない。

T= Time（期限）

目標には「いつまでに」「なにを」「どの程度まで」という時限設定がなければいけない。

目標は単に部門の数字を上げることだけではない。目標にチャレンジした結果、社員が成長することも大きな成果だ。〝Growing with the company（自分が会社とともに成長する）〟という成長感である。会社と個人の成長につながる目標が、よい目標の条件といえる。

長期と短期のバランスが大事

ひと口に目標と言うものの、目標には長期の目標と短期間に達成すべき目標がある。長期の目標は短期の目標の積み上げである。富士登山は頂上を見極めたうえで、まず1合目から一歩を踏み出す。短期の目標は長期の目標があって意味を持つ。長期を忘れての短期目標はなく、短期目標がなければ長期目標の実現はあり得ない。長期目標と短期目標は一体なのである。トップの役割とは、この長短2つの目標をバランスよく立てることである。

トヨタ自動車の創業者、豊田喜一郎氏は、自分たちの作った純国産の自動車を日本で走らせることを目標に会社を起こした。戦前のことである。

当時のトヨタにとっては、純国産の乗用車をつくることは長期目標だった。なぜならば、当時の日本には車をつくる技術がない、工作機械もない、さらに乗用車をつくっても販売する市場がほとんどないという「3ない」状態だったからだ。

創業期、喜一郎氏はアメリカから乗用車を購入した。この車を徹底的に研究することで、まずはちゃんと走る車をつくる技術を習得しようとしたのである。分解しては組み立て、分解しては組み立てを繰り返した。

ボルト1本まで入念に研究し、同じ物をつくろうとしたが、形だけ同じでも日米では製鉄技術が違う。どうしても同じ品質のものはつくれなかった。心臓部であるエンジンは鋳物でつくった。しかし、鋳物技術も日米には差があった。アメリカの自動車と同じものをつくるという短期目標は、なかなか日の目を見ない。それでも苦心の末、何とかちゃんと走る車をつくるまでに漕ぎ着けた。

しかし、日本にはまだ自動車市場が形成されていない。つくっても売れないのでは、つくる意味がない。しかし、自動車市場を形成するのは、ちゃんと走る車をつくる以上の時間がかかる。そこで喜一郎氏は、自動車需要のある陸軍に目をつけた。軍用トラックの生産だ。長期目標である国産の乗用車をつくる目標のために、短期的には軍用のトラックをつくる。彼は、長短の目標のバランスをとりつつ、着実にゴールに向かって走ったのである。

第4章 グッドコミュニケーターになる力

THE POWER of 7 CHAPTER 4 "COMMUNICATION"

THE POWER of 26

COMMUNICATION

ITの力

ITの力は、産業と社会の構造を変えた。現在のイノベーションは、ほぼITによって生み出されたものと見ることができる。

30年前に、コンピュータがコミュニケーションツールとなることを予測した人は少ない。カメラのデジタル化は30年前から予想されてはいたものの、携帯電話がカメラに取って代わるとは誰も思わなかった。

アマゾンや楽天など通販事業が大きく発展したのもITの力である。現代の企業でIT無用という企業はあり得ない。ITは社会のインフラにがっちり食い込んでいるため、いかなる伝統産業でもITの力なしでは活動不可能だ。しかし、ITが企業を伸ばすわけではない。ITを上手に使った企業が伸びるのである。

企業を伸ばすのはあくまでも人だ。

したがって、トップのITの力とは、トップがITを使いこなして結果を出すことではなく、トップが「ITを使いこなせる人を使って結果を出す」ことである。人を通じて結果を出すのがトップであって、ITを通じて結果を出すのはトップではない。

ITの力

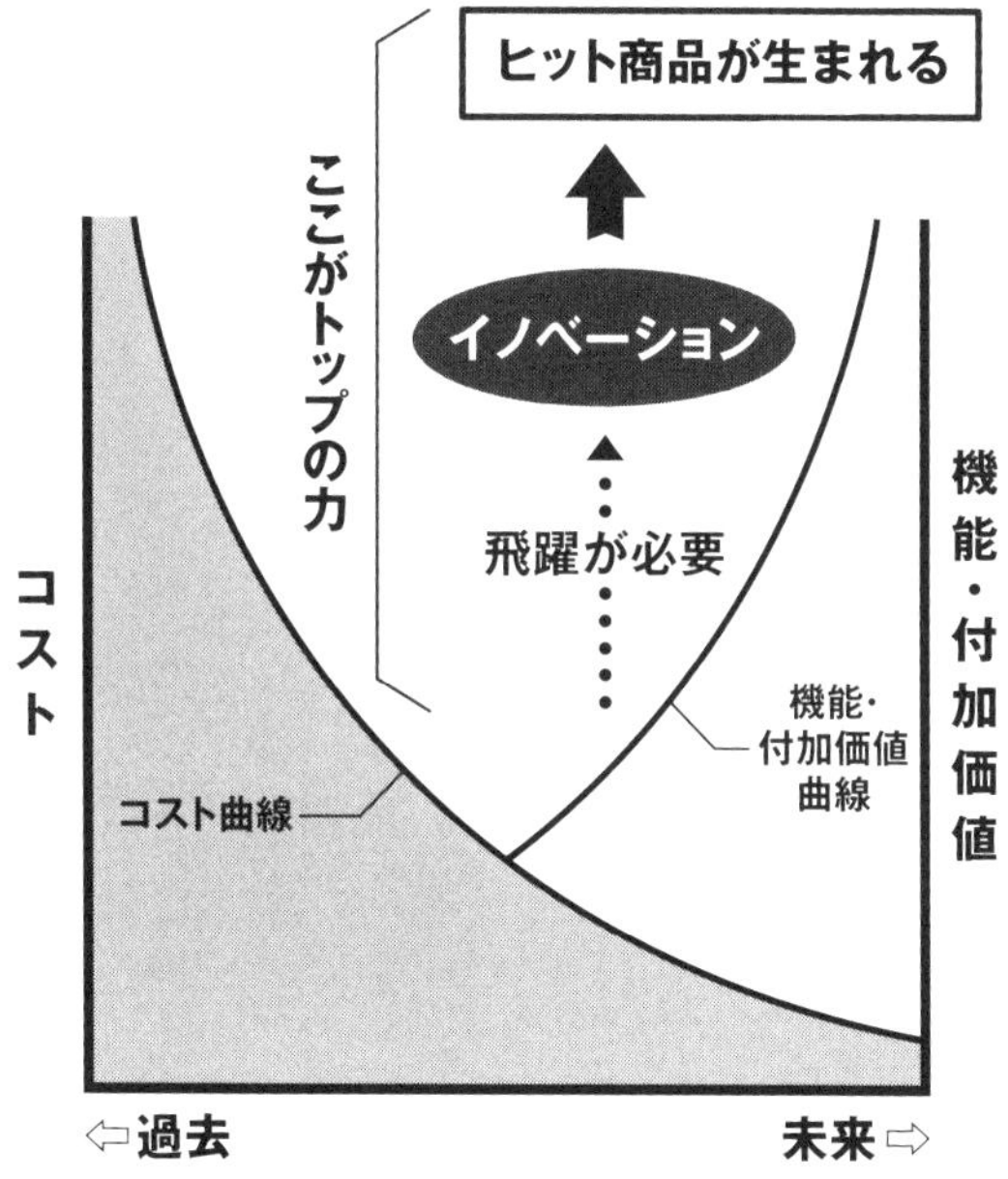

ITの進歩でコストが下がり
機能・付加価値が向上する

イノベーションのベースにＩＴがあることは明らかだが、実際にイノベーションを起こすのはトップの力である。

テレビの技術は今日でも進歩している。しかし、高品質画像の４Ｋテレビなどは、従来のテレビ技術の延長線上である。「YouTube」などの動画配信機能はテレビとは異なる技術だ。テレビからネット動画に移るには飛躍が必要である。

この飛躍ができるか否かは、トップの経営者品質にかかっている。

ＩＴ化石になるな

近年、世界で飛躍的に成長している企業といえば、グーグル、アップル、フェイスブック、マイクロソフトなど、ＩＴ企業がほとんどである。

ＩＴとは無縁というトップはいない。トップの力にとってＩＴとは車の運転のようなものだ。実際の運転は会社の運転手任せであっても、「何時までに、どこへ、どうやって行く」という運転の目的や方向性は知っているということである。

ＩＴリテラシーに関してトップは無知ではならない。

トップを含め、ビジネスパーソンのＩＴリテラシーは、ほぼ次の３つのうちのどれかに当てはまるはずだ。

①ＩＴネイティブ（Native）――生まれたときからパソコン、インターネットなどのＩＴ機器とＩＴ環境に囲まれて育ち、自然にＩＴリテラシーが身についている人。20代～30代社員の多くはここに属する。ＩＴネイティブは今後拡大を続けていくはずだ。

②ＩＴイミグラント（Immigrant＝移民）――努力して後天的にＩＴリテラシーを身につけた人。40代以上のほとんどはＩＴ移民である。

③ＩＴフォシル（Fossil＝化石）――ＩＴリテラシーのリの字もないＩＴ難民。70代以上には少なくないが、若い人でもＩＴリテラシーを放棄した人はいる。

今日のＩＴネイティブは、簡単なプログラムなら自分でつくることもできる。しかし、そうした彼らのＩＴリテラシーに驚いていては、彼らＩＴネイティブを使いこなすことはできない。ＩＴネイティブは、いわば英語ができる欧米からの帰国子女と同じ。トップに求められるのは、彼らの高いＩＴリテラシーを仕事に生かせる環境を整えることである。

若い経営者には自らがＩＴネイティブという人もいる。それはそれで1つの強味ではあるが、トップにとって決定的な力とはいえない。トップにとって重要なのは、経営者品質であり、リーダーシップである。

THE POWER OF 27

COMMUNICATION

ほめる力

私の知る限り、世界中で一番人をほめないのは日本人である。女性はほめ上手な人が多いが、男性、特に中高年の男性は、ほめることが苦手な人が多い。

私の友人に、ある生命保険会社の男性支店長がいる。部下は30人ほどで女性外交員ばかりである。彼の支店は社内でも抜群の好成績を上げていた。彼にその秘訣を尋ねたことがある。返答は女性外交員がよく働くからだ、ということだ。

しかからば、どうすれば女性外交員がよく働くようになるのかと尋ねた。彼の回答は「ほめて、ほめて、ほめて、ほめまくることだ」であった。

山本五十六《いそろく》の言葉に「やってみせ、言って聞かせて、させてみて、ほめてやらねば人は動かじ」とある。ほめられることによって自信は深まり、強い自信はさらに大きな成功に結びつく。トップにほめられるとなればその効果は絶大である。

アブラハム・マズロウの「欲求五段階説」によると、人間の最も高度な欲求は自己実現であり、その次が承認と尊敬の欲求であるという。承認というほめる力を強化するには、まずほめられる側から信頼し尊敬されていることが大事だ。

ほめる力

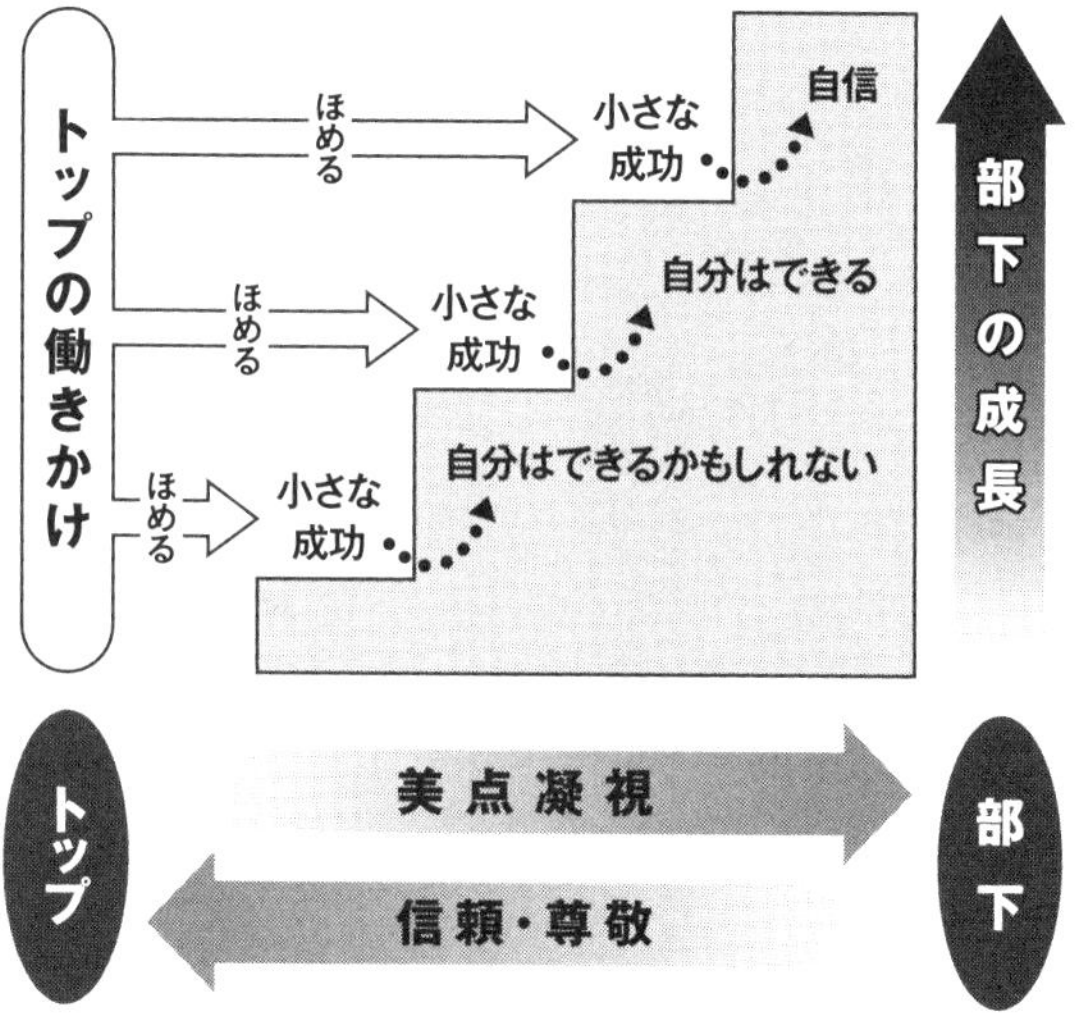

トップの働きかけ
ほめる
小さな成功
自分はできるかもしれない
ほめる
小さな成功
自分はできる
ほめる
小さな成功
自信
部下の成長
トップ
美点凝視
信頼・尊敬
部下

ほめられれば誰でもうれしいものだが、ほめられて名誉や誇りに思うのは、ほめてくれた人が人として信頼し尊敬できる人である場合だ。

信頼と尊敬はほめる力を何倍にも増幅させる。したがってほめる側のトップは部下から信頼され、尊敬される存在でなければならない。

正しいほめ方のポイントは次の3点にまとめることができる。

①事実に基づいてほめる（噂でほめるのはＮＧ）。
②なるべく早くその場でほめる。３カ月も後では賞味期限が切れてしまう。
③お世辞（Flattery）ではなく誠実（Compliment）にほめる。

隠れた手柄をほめる技術

ほめるときは結果をほめるべきか、プロセスをほめるべきか。これは相手や状況によって異なる。結果をほめてほしい人もいれば、プロセスをほめられることがうれしい人もいる。

この見極めが、ほめ方のポイントだ。ほめれば何でもよいということではない。概して男性は結果をほめられることをよろこび、女性はプロセスをほめられたいという。しかし、単純に男女というだけで安易にほめ方を使い分けるのは、短絡的であり危険でもある。女性でも結果を重視する人はいるし、男性でもプロセスにこだわりを持つ人もいる。肝心なのは、相手の個性に応じてほめることだ。

ほめるときにはみんなの前で、というのがほめるときの基本だが、みんなが知っている事実をみんなの前でほめるだけでなく、一部の人しか知らないような隠れた美点や手柄をほめることも、ほめ方の1つのテクニックである。

みんなが知らない隠れた手柄をほめられた人は「ここまで見てくれていたのか！」と心を動かされるはずだ。「士は己を知るもののために死す」という。人は自分を認めてくれる人を認める。

私は現役の社長時代、キャンペーン月間で最もよい成績を上げたセールスグループを表彰するとともに、彼らのサポートに力を尽くした間接業務の社員たちの努力に対しても報いた。顧客との円滑な連絡、プレゼンのための資料づくり、細かなデータの整理など、間接業務の社員の果たした役割は大きい。

しかし、彼らの仕事は成果には表れない。だが、表面には現れない仕事を評価し、賞賛するのはトップの役割である。

トップのほめる力とは、社員にやりがいを感じさせる力である。

THE POWER of 28

COMMUNICATION

叱る力

人を正しく育てるためには、ときに叱ることも必要である。

叱るとは、1つのチャンスである。どういうチャンスかというと、大切な経営資源である人をレベルアップさせる（資源価値を上げる）チャンスである。人は成功によって自信を深め、やる気を高める。また失敗によって学ぶからだ。

部下を一段レベルアップさせるチャンスは、そうそう舞い込んでは来ない。優れたトップほどチャンスを逃さず有効に活用しているものである。

しかし、叱り方にも自ずから上手い、下手はある。

人を一段階上へ引き上げる叱り方もあれば、せっかくのチャンスをみすみす潰すような叱り方もある。叱り方も重要なトップの力なのである。

最もよい叱り方は、左図の名人級の叱り方である。つまり、叱られた人のやる気が叱られる前よりも高くなる叱り方である。こういう叱り方ができた名人といえば、やはり「経営の神様」松下幸之助氏や本田宗一郎氏だろう。

京セラの創業者である稲盛和夫氏も、その1人に数えられる。

叱る力

叱る力のランキング

名人級 **=鼓舞する**

叱られる前よりも叱られた後のほうがやる気が高まる叱り方ができる

上級者 **=注意する**

8ほめ2叱りという叱り方ができる

中級者 **=叱る**

コトを叱って人を叱らずという叱り方ができる

初級者 **=怒る**

叱ると怒るの区別がついていない

最低ランク **=ののしる**

相手の人格を否定する罵声を浴びせる、自分の鬱憤晴らしに怒鳴り散らす

叱るというのは一種のショック療法である。ショックを与えて、相手に間違いを気づかせることが叱ることの効果だ。ショックの受け方は人によって異なる。相当強いショックを受けなければ目覚めない人もいるし、わずかなショックで精神に深いダメージを負う人もいる。

したがって、叱り方の名人は、最適なタイミングで、相手にとって最善のやり方で叱る。松下幸之助氏に叱られてやる気が高まったという旧松下電器（現パナソニック）の幹部は多くいるが、それは、松下氏が彼らにとって最も適した叱り方をした結果である。

事実、叱られた幹部たちは一様に幸之助氏に叱られたことを、懐かしむことはあっても恨みに思っている人は1人もいないという。

稲盛和夫氏がJALの再建を任されていたときにも、JALの幹部は稲盛氏に何度か雷を落とされたそうだ。JALの幹部たちは、それまで怒鳴られた経験がない。彼らにとっては40代、50代で幹部になって初めて怒鳴られたのである。

しかし、彼らはそこでそれまでの自分の間違いに気づき、考え方が改まった。叱り方の名人級となると、怒鳴るという基本から外れた叱り方でさえ、効果的に使いこなせたというわけだ。だが、それは名人級だからできることで、初級、中級、上級の人は、次の叱り方の原理原則を守るべきである。

基本は叱るのではなく、注意すること

叱るという行為は、相手の成長のために行なうのが基本だ。そのためには「叱る」のではなく、「注意する」ことを心がけるべきである。注意するとは、どこが悪かったのかを指摘して改善を促がすことだ。「お前はダメだ！」と叱るのと「こうした方がよい」と注意するの区別がついていない人は、当然、叱ると怒るの区別もついていない初級者だ。

コトを叱って人を叱らず、という叱り方の原則ができるようになれば中級だ。

叱り方の優劣は次の順番となる。

①注意する（客観的であり前向き）。
②叱る（失敗を繰り返してほしくない、成長してほしいという愛情が根底にある）。
③怒る（相手に対する怒りという感情が根底にある）。
④罵《ののし》る（もはや何をかいわんや！）。

THE POWER of 7

29

COMMUNICATION

議論の力

日本人は欧米人に比べ、一般的に議論が下手である。欧米、特にアメリカと異なり、日本の高校、大学の履修科目にはディベート（議論）は含まれていない。

文化、宗教、価値観等を異にする人々で構成されるダイバーシティ（多様化）社会でビジネスを行っていくには、議論がお互いを理解し合うための方法の1つである。

〝Agree to Disagree（不同意に同意する）〟という私の好きな英語表現がある。「あなたが違う意見を持っていることを私は受け入れる」という意味だ。「異見も意見として受け入れる」ことが、議論をする基本姿勢である。全員が賛成するコンセンサス（合意）を重視する日本人には、概してこの姿勢に欠ける人が多い。

そのため議論が対立すると、無用に感情が表に出てくるのである。

議論に情熱はあってもよいが、感情は極力排除して、理解と対話に重きを置くべきである。

アウフヘーベン（止揚《しよう》）という哲学的な概念がある。これは、対立するものを否定しつつも、より高次な形で取り入れて結論を導く方法論である。いわば、あ

議論の力

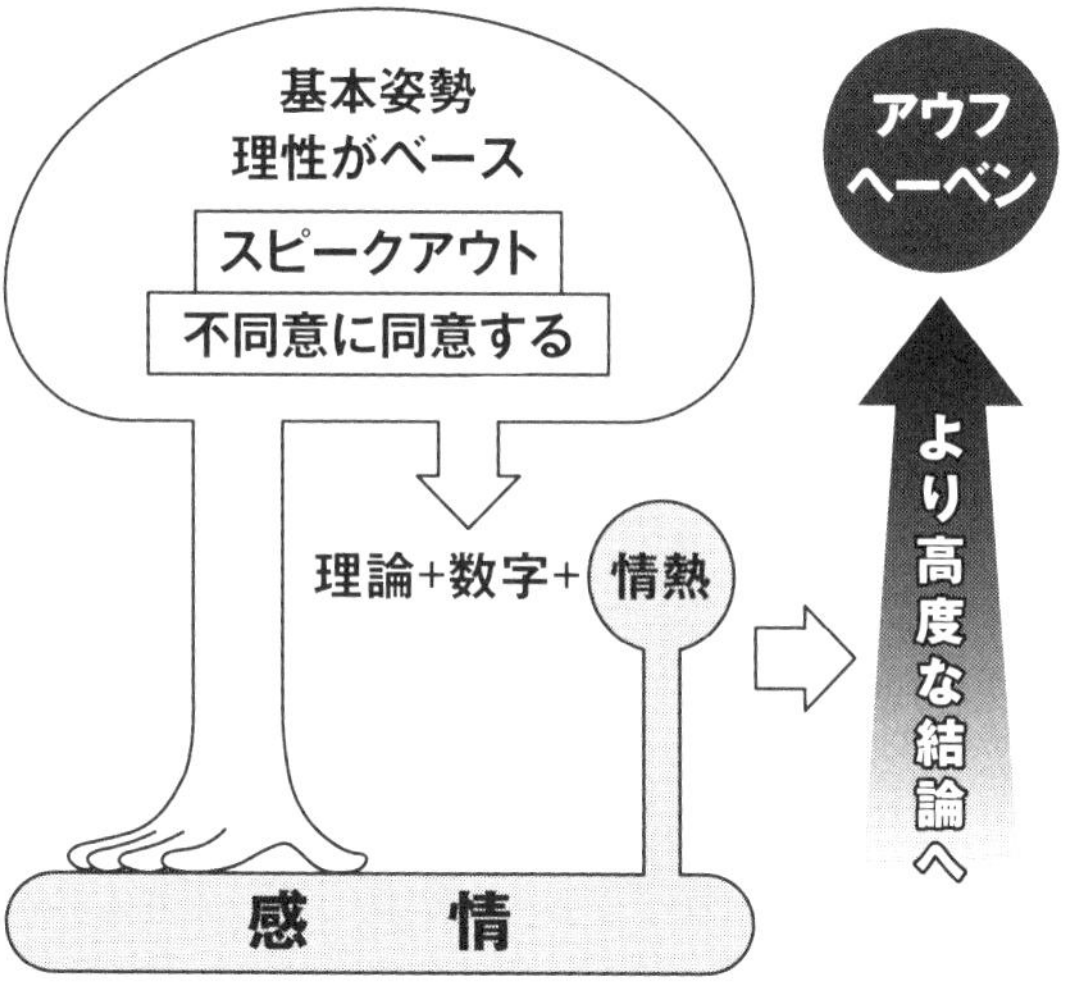

ちらを立てればこちらが立たずの状態を、あちらも立ててこちらも立てる状態に転換することだ。まさにこれが、議論の力である。

アウフヘーベン、すなわち、より高い次元であちらも立ててこちらも立てるためには、相手の顔色をうかがいながらの議論では不可能だ。

発言者同士に、率直にものを言うスピークアウト（〝Speak Out〟）の習慣ができていなければ、議論によってより高次な結論を見出すことはできない。

また、自由にものが言えてこそ、お互いの気持ちも理解し合えるのである。「異見も意見として受け入れる」と「積極的スピークアウト」の2つは、議論の力の2大要素と心得ておくべきだ。この2つの要素がかけ合わされて、議論は化学反応を起こし、これまでになかった高次元の結晶を生み出すのである。

トップは8聴き2しゃべり

一方で、異見、異論を述べるほうにもルールがある。それは反対の理由と、ではどうすればよいのかという「建設的な代替案」を提示することだ。その際、強力なバックアップになるのが、理念や目標である。理念、目標の一致があれば、異見、異論も方向性では異ならない。

同じゴールを目指す手段であれば、どちらがより有利かという合理的な判断ができる。どんなに対立したテーマでも、議論は理性をベースに行われなければいけない。理性的であるべき議論を、感情的な論争や罵り合いにしてはならない。


議論を進めるうえで、トップが特に気をつけておくべきことがある。それは話すことより、聴くことに注力せよということだ。

社員を相手に議論を交わすとき、よほどのことがない限り社員はトップの発言を尊重するものだ。トップが発言していれば、誰もそれを遮らない。しかし、議論が目指すべきはより高次な結論であって、トップの意見の追認だけが目的ならば、議論をする必要はない。

儀式的な議論では、到底、正しい議論とはいえないのだ。

議論の2大要素を担保するためにも、トップはむしろ聴き役に回ったほうがよい。私は議論のときでも、トップは「8聴き2しゃべり」くらいが適当と考えている。そうすることで相手の考えかたや物の見方がわかってくる。

トップにとって議論の力とは説得する力ではない。むしろ、相手の考え方を知り、自らの考えに取り入れて昇華していく力である。

THE POWER of 30

COMMUNICATION

伝える力

コミュニケーションの要諦の1つに「重要なのは自分が何を伝えたかではなく、相手に何が伝わったかである」というものがある。自分が何をどう言おうと、相手に正しく伝わらなくてはコミュニケーションは成立しない。

トップの話をいい加減に聞く部下はそう多くいない（と信じたい）が、だからといって全員にトップの話が正しく伝わっていると思い込むのは早計《そうけい》である。むしろ、一度言ったくらいでは、正しくは伝わっていないだろうと心得ておくことが基本だ。

トリックアートと言われる絵がある。同じ絵でも見る人によって異なる絵に見えることがあるものだ。相手に正しくメッセージを伝えるには、相手によって伝え方を変えるのも1つの方法である。

これを昔の人は「人を見て法を説け」と言った。

IT化で多くの人とコミュニケーションをとることができるようになったが、相手に正しくメッセージを伝えるためには、一斉に同じメッセージを送るだけで

伝える力

コミュニケーション10カ条

第１条　コミュニケーションはまず「聴く」ことから始めよ

第２条　コミュニケーションで重要なのは「自分が相手に何を言ったか」ではなく「実際に相手に何が伝わったのか」であると心得よ

第３条　コミュニケーションでは相手の目を見て大きめの声でゆっくりめに話し、相手と波長を合わせることを心がけよ

第４条　話の順序は、相手によっては起承転結の「結」から話せ

第５条　コミュニケーションは時間をつくって行う仕事上の課題である

第６条　真のコミュニケーションはフェイス・トゥ・フェイスでなければならない
Ｅメールは簡単な情報の伝達手段にすぎない

第７条　悪い話(Bad News)ほど速やかに報告せよ

第８条　みんなのため仕事のためによかれと思ったことは、立場を越えてどしどし発言(Speak Out)すべし

第９条　「Agree to Disagree」異見も意見として認めよ

第10条　「飲みニケーション」は「Nice to Do」であっても「Must Do」であってはならない。真のコミュニケーションが行われる本来の場所は職場である

は正しく相手に届かないということも、現代人は理解しておくべきことだろう。

相手の立場に立って物を言うだけでは、まだ正しく伝えるには不足がある。人は忘れる動物だ。人の記憶は時間とともに段階的に薄れ、4時間後には半分を忘れ、1日後には70％、2日後には80％を忘れてしまう。5つ聞いたら4つを忘れるのだ。これが心理学者エビングハウスの「忘却曲線」といわれるものである。いくら正しく伝えても、忘れられては伝えたことにならない。

相手の記憶力まで面倒を見られないと思うだろうが、伝えたいことを正しく伝えようと思ったら、相手の脳みそのレベルまで忖度《そんたく》しなければならないのだ。

フェイス・トゥ・フェイスの力を使え

記憶力には個人差がある。よって、しっかりと相手の記憶にとどめる伝え方をするには、まず一度に3つ以上のことを伝えようとしないことだ。次に一度言ったのだからそれでよいではなく、定期的に繰り返すことを基本とするべきである。自分が相手に伝えたいメッセージが十分に理解され、記憶されるためには、同じ話を16回繰り返す必要があるという調査結果もある。

二度や三度ではまったく不十分であるということだ。

次に大事なことは、顔と顔を合わせて、すなわち面と向かって対話することだ。いわゆるF2F（フェイス・トゥ・フェイス）のコミュニケーションを心がけることである。人を見て法を説くためにはF2Fが必須条件となる。

相手の考えや心理は態度や表情に表れる。

こうした非言語コミュニケーションを察知して、相手に応じた伝え方ができる人を「伝える力のある人」という。トップの伝える力とは、このレベルが標準ラインである。なぜならトップとは「人を通じて目標を達成する」人だからだ。

ゆえに「優れたリーダーは優れたコミュニケーターである」といわれる。

また、Eメールは基本的な情報を伝えるのに非常に便利な道具であるが、相手の心に伝わるコミュニケーションはEメールではできない。

さらに伝え方の達人となるとH2Hの境地を開く。H2Hとは、ハート・トゥ・ハートのことだ。心が動けば身体は自然に動くものである。相手の頭に正しく届く、すなわち相手が自分の頭で理解できる伝え方は、伝える力の基本編。より高度な伝え方とは、相手の心に届く、感動を伴ったH2Hのコミュニケーション。それはF2Fでしかできないのである。

THE POWER of 7

31

COMMUNICATION

聴く力

コミュニケーションで大事なことは、話すことよりまず「聴く」ことにある。それも「聞く」ではなく「聴く」でなければならない。「聞く」が門の中に閉じこもって耳だけで聞くのに対し、「聴く」は門を取り払ったうえに耳＋目、それに心も使って全身全霊で聴いている。積極傾聴（〝Active Listening〟）である。人の話を聴くには、「聞く」（〝Hear〟）ではダメ。「聴く」（〝Listen〟）が重要だ。

人の話を漠然と聞き流しているようでは、相手にはこの人は自分の話に関心がない、自分のことを重要視していないとしか感じ取れないからだ。

人は、自分を尊重（リスペクト）する人を尊重する。聴くという行為によって、話している相手は、聴き手が自分を尊重している、自分の話に関心を持っている、誠意を持って話を聞いてくれているという印象を抱くことになる。

また、意見の異なる話であっても、真剣に耳を傾けてくれる態度に、相手は人間的な度量の広さも覚えるだろう。

部下が「この人のためなら」と思ってついて来るようになる人間関係づくりの第一歩は、聴くことから始まるのである。

聴く力

人は自分を尊重する人を尊重する

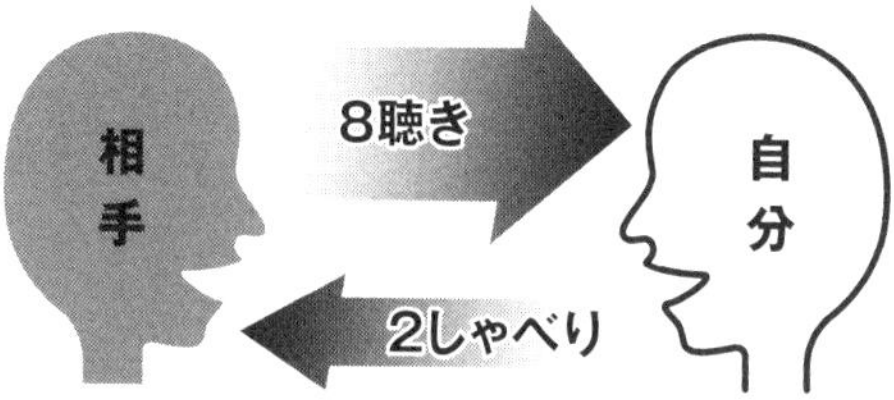

積極的に相手の話を
傾聴することで相手は
自分が尊重されていると自覚する

信頼が生まれ
「心のかけ橋」ができる

私は、社長時代「8聴き2しゃべり」を徹底した。聴くほうに千倍の比重をかけた。社員と話をしているとき、私がしゃべるのは全体の2割程度の時間、あとの8割は社員の話を聴くことに努めた。

しかし、ただ社長が黙っているだけでは、社員は話をしない。話のつぎ穂を提供したり、あいづちを打ったり、「それで?」と相手の話をうながすことも私の役目だった。こうするだけでも、会話の2割くらいになる。

社員の気持ちをリラックスさせ、口が滑らかになるよう、手持ちのジョークを4つ5つは常にポケットに入れていた。社員の心の中の固い氷を溶かすための(いい意味での)テクニックである。聴く耳を持つ人のところには人が集まる。人が集まれば、そこに情報も集まってくる。社長にこんなことを言ったら、自分の立場が危うくなるのではないかと社員がものを言うのを警戒するような会社は、決して強い会社になれない。諫言《かんげん》は歓迎というくらいの気概を持ってほしい。

話せばわかるよりも、聴けばわかるを心がけよ

本書で何度も登場する稲盛氏も、若いころ社員に労働争議を起こされ、その過程で社員たちの本音、心の声を「聴く」ことの重要さを痛感したという。稲盛氏

は、若い社員たちの話に真剣に耳を傾けることで労働争議を解決に導いた。誠実に相手の話を聴くことには、百の説得より効果的な場合があるのだ。

稲盛氏と同様に聴く力で労働争議を収拾した経営者がいる。明治の実業家、住友の2代目総理事、今日の住友の事業基盤を築いたといわれる伊庭貞剛である。伊庭は当時、労働争議の真っ最中だった別子銅山に支配人として赴任した。

別子銅山では鉱夫の待遇改善の要求と、別子銅山の精錬の煙害に対する地元の漁民の損害賠償が同時に起きていて、収拾のつかない状況だった。伊庭は赴任すると鉱夫の中に進んで入っていき、彼らの話に熱心に耳を傾け、また地元の漁民の間にも混じって、やはり彼らの話を積極的に聴いた。

話を聴けば、鉱夫や漁民の要求も法外なものではない。別子銅山の争議は収拾に向かった。しかし、何より効果的だったのは、伊庭が鉱夫、漁民の話に真剣に聴き入ったことだった。明治時代は、依然として階級社会である。住友の本社から来た支配人が、地元の鉱夫の話や漁民の話に耳を傾けることなど、それ以前には考えられないことだったのだ。

相手の話を聴くことは、信用と信頼を得る第一歩となるのである。

THE POWER of 32

COMMUNICATION

納得させる力

トップにはその地位に付随する権力がある。よって、権力による指示命令で人を動かすことはできる。権力とは地位の力だ。しかし、権力は人を指示命令で動かせても、納得させることはできない。そこで必要なのが権威の力である。

「人は論理により説得され感情により動く」生き物である。説得の目的が部下に動いてもらうことであれば、納得が伴わなければ十分とは言えない。

納得させる力とは、まず説得したうえで相手の感情を動かすことである。

デール・カーネギーはこう言っている。

「人を動かすには秘訣がある。自ら動きたくなる気持ちを起こさせることだ。しかし、この事実に気づいている人は甚だ少ないように思われる」

自ら動きたくなる気持ちとは何か。それが納得である。

説得されて頭で理解したら、次に心から納得することで人は動く。「なるほど、そうだ！」と心から納得すれば、人は自ら動き出そうという気持ちになるものだ。

説得とは、相手の納得を得ることができて、はじめて成功と言えるのである。

説得が成功する、すなわち相手を納得させるためには、論理によって相手を感

納得させる力

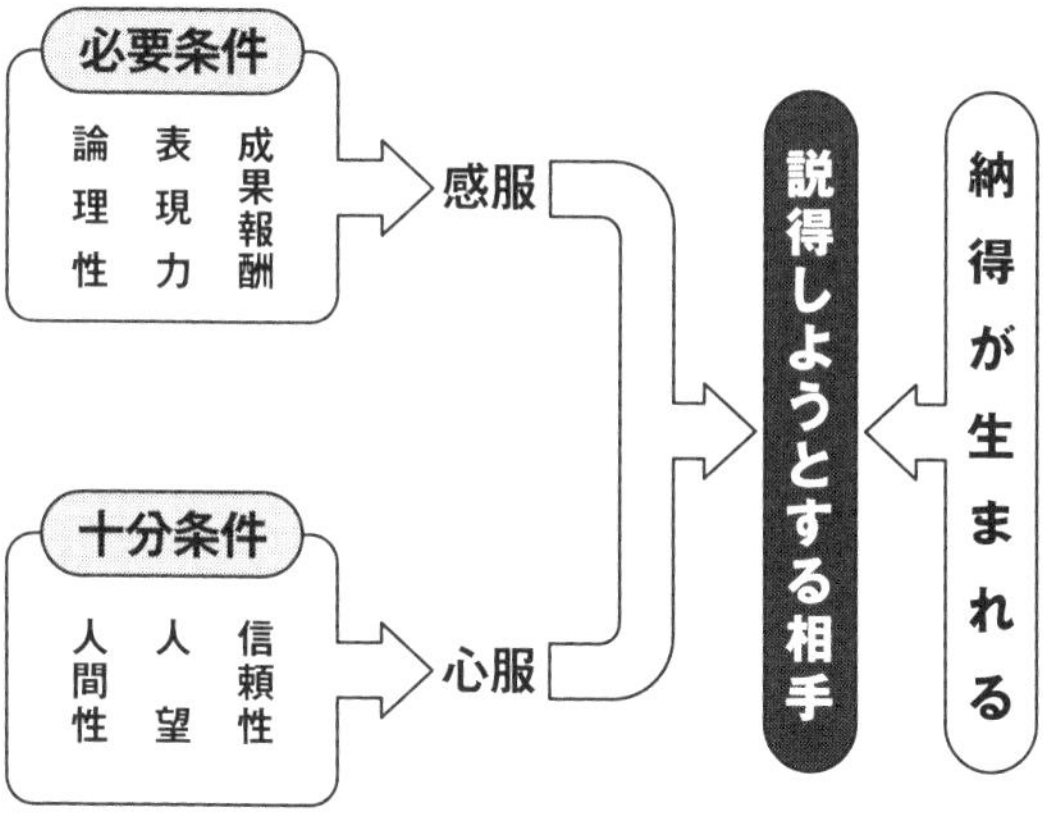

服させればよい。しかし、論理だけが説得の武器とは限らない。

議論の原則は「誰が言ったかではなく、何を言ったかを重視せよ」であるが、人はときに「誰が言ったか」で動かされることがある。「あの人が言うのなら……」「あの人のためなら……」という、論理を超えたところで動かされることは少なくない。心服する相手に説得されれば、我々は納得して一も二もなく頷いてしまうものだ。

納得させる力も、やはりスキル（論理性・表現力）の力とマインド（人間性・人望・信頼）の力の合力なのである。

納得を生む力

松下幸之助氏は、会社が小さいうちは直接社長が指示命令を下して結果を出せるが、1000人、2000人と会社が大きくなると、社員に「どうぞ頼みますという気持ちにならないとあかんね」と言っている。

上から目線の説得では、部下を納得させることはできない。コミュニケーションは人と人との関係性に大きく影響される。説得しようとする相手の心を閉ざすような態度をとるようでは基本が間違っている。それでは説得の成功など到底期待できない。

説得とはスキル（論理性・表現力）とマインド（人間性・人望）だ。人間性・人望・信頼については別項にゆずり、ここでは基本的なスキルに触れておく。

①説得しようとする相手と方向性を共有していることを確認。

方向性とは、先述したとおり（理念＋目標＋戦略）である。方向性を共有している相手とは話がしやすい。「同じ船に乗っていて同じ方向に向かっている」という一体感がある。〝We are in the same boat〟ということだ。

そうすることによって説得は納得を得やすくなる。

②部下の「やりたい感」を刺激すること。

社員のやりたいことと、会社が社員にやってほしいことは往々にしてすれ違う。しかし、部下が「やらされ感」を持つようでは納得は生まれない。会社の欲望と、部下の欲望のすり合わせは重要だ。そこで「やりたい感」が生まれる。

部下の「やりたい感」を刺激するには、やり方について「どうすれば上手くいくと思う？」と、実行の方法については部下の考えを尊重し任せるという方法がある。これは、巻き込み作戦を応用した説得の技術といえよう。

そして、成果報酬の基準を明らかに示すことも説得に力を添える。

THE POWER of 33

COMMUNICATION

断る力

英語にはない日本語の表現の1つに「損して得とれ」がある。目先の小さな利益にこだわって、将来、大きな利益になるものを取り逃がしてはいけないという教訓である。

似たような言葉に「奇貨《きか》おくべし」というものもある。こちらは珍しい品物は、必ず将来貴重な品になるから、仕入れて手元に置いておくべきだということだ。

しかし、世の中にはどう見ても将来の利益どころか、持っていても負債にしかならないような品もある。こうした品を買うことを、「損して得とれ」とは言わない。「損して損する」で終わる。いくら勧められても断るべき取り引きである。

会社はお客さまから見放されたら命はない。会社の命運を決するのはお客さまである。だから、お客さまは神さまであるという考え方は基本的には正しい。しかし、神さまには福の神もいれば貧乏神もいることも忘れてはならない。お客さまの要望といえども、まったく利益の見込めないことは、やはり断るべきだ。

会社を健全に成長させるには、ときに断る力が必要な場合がある。

断る力

断るべき貧乏神の要求

■ どうやっても我が社ではできないこと

技術的、規模的など、我が社の能力では、
どうしても対応できないことは断る。
なぜならば、できないことを引き受ければ、無責任であり、
結果としてウソをつくことになる。

■ 社会通念上、道義上、我が社の理念上、不適切、不穏当なこと

いくら儲かる仕事であるとしても、社会通念上、
道義上、理念上で、道に外れることは断る。

■ どうやっても儲からないこと

ビジネスは、WIN・WINであることが王道経営の鉄則。
どうやっても利益の出ないことは断る。

断り切れないことのリスク

東芝の経営を悪化させた大きな要因の1つである、アメリカの原子力企業のウエスティングハウスの買収話には、日米政府からの働きかけもあったと聞く。

両国政府からの働きかけがあったのであれば、東芝としては断りづらかったろうが、その結果として今日の経営危機を招いているのであるから、トップの断る力は企業の浮沈に関わる重要な力だということが言えよう。

企業業績がよいときには、あまり見通しのよくない話でも乗ってしまいがちだ。銀行や知り合いからの投資話は、概ね会社が調子のよいときに舞い込んでくる。その中には、断りづらい相手からの頼みもある。

ある地方の名門企業に招かれて、講演に行ったことがある。その会社は建材メーカーだが、社長は代々地元の名士で名望《めいぼう》があった。そのため、地元の経済界から、経営が悪化した会社を引き受けてほしいという頼まれごとが多かった。

建材事業の業績は順調に伸びていたが、頼まれるたびに異業種の会社がグループに入ってくるため、最終的には8業種2000人という、この地域の企業としては異例の企業規模となってしまった。社長は、頼まれるたびに断り切れずこのサイズになってしまったのである。引き受けた企業は赤字企業ばかりだった。

建材事業は黒字であったが、グループ全体の連結決算では赤字が続いた。引き受けた不採算企業を、せめて収支を±《プラスマイナス》ゼロにしたいと30代半ばの業務改革担当者が頑張っていた。私は、業務改革のための啓発講演に呼ばれたのである。


本来であれば、不採算部門を清算してしまえばよいのだが、地方のことで周囲の目が気になる。社長としては、建材事業で不採算部門に輸血ができるうちは延命し、なんとかその間に採算の取れる体制をつくりたいという考えである。

業務改革担当のK君は、不採算部門の従業員の意識改革を中心に改革運動のための勉強会、イベントを続けた。そして5年後、ついに全部門がかろうじて採算のとれる状態まで漕ぎつけた。K君の苦労は並々ならぬものだった。

あるとき社長がK君にこう言った。「自分が断り切れなくて苦労をかけた」。

その後K君は取締役となり、経営に参加することになった。会社の買収、吸収の話が役員会に出るたび、K君はこう言うそうだ。「もし会社を引き受ければ、我が社の業務改革の力は伸びますが、我が社は5年間成長をあきらめなければいけません」。K君の苦労を知っている役員からは、反論は出なかった。

THE POWER of 34

COMMUNICATION

発想する力

トップの発想する力とは、結果を出すための力である。結果を出すという作業は、常に相手があってのことだ。相手とは、顧客であり、社員であり、取引先であり、社会である。すなわち、社内外の全ステークホルダーがからんでいる。ステークホルダーのことがわからなければ、よい結果を出すことはできないし、よい結果を出すために必要な発想も生まれない。

相手のいない発想は、自分だけの1人よがりの、役に立たない夢想である。といって、相手から進んで「自分たちはこう考えている」「こういう要望がある」と教えてくれることはそうそうない。顧客はもとより、社員でさえ本音はなかなか明らかにはしないものだ。

では、そうした声なき声を聴き、発想力に生かすにはどうすればよいか。

英語には〝Putting oneself in the other person's shoes（相手の靴を履く）〟という言葉がある。

相手の靴を履くとは、相手の立場になって考えよということである。発想する力のベースには、相手の立場でものを見て、考える姿勢がなくてはならない。

発想する力

ニーズとウォンツの違い

ニーズ（欲求）	ウォンツ（欲望）
● 既存商品の延長上にある	● 既存戦略の延長線上からすこし離れた位置にあるため、開発にはジャンプが必要
● 供給側もお客さまも商品のイメージを共有できる	● 商品のイメージは供給側にしかない
● 市場動向（何が売れているか）に表れる	● 市場を見ているだけではわからない、感性が必要
● ニーズ対応型の商品は失敗が少ない	● ウォンツ対応型の商品は失敗率が高い
● ニーズ対応型の商品は他社がキャッチアップしやすい	● ウォンツ対応型商品は他社が追いつくまでに時間がかかるため先行者利得がある

プロダクト・アウトとマーケット・インの弱点

プロダクト・アウト	供給者のひとりよがりに陥りやすい
マーケット・イン	耳に入ってくるお客さまの顕在的な声に気を取られ、声なき声（潜在的な深層心理）に気づかない

発想力はウォンツを聴く力

80年代に爆発的なブームになったソニーの「ウォークマン」は、それ以前にはなかった商品である。それ以前にはない商品というものは、顕在化したニーズからは生まれない。声なき声（ウォンツ）を元にした発想によってのみ生み出される商品だからである。

当時のカセットテープレコーダーの常識は、録音と再生だった。しかし、初代のウォークマンには録音機能はない。再生音質とポータビリティ（小型軽量の携帯可能型）をとことん追求したのである。

常識を超える大ヒット商品は、盛田氏が社内の全役員の反対を押し切って世に出した。「日本の若者も、歩きながら音楽を聴く日が来る」という「声なき声（というウォンツ）」に基づく発想力が、盛田氏にはあったのである。

ニーズの把握だけで売れる新商品ができるのなら、発想力は要らない。

最高（〝Maximum〟）品質をつくり、提供することができれば、それでOKである。ところが、最高品質が顧客や社会に「受ける品質」になるか否かには何の保証もない。最高品質は、必ずしも最適（〝Optimum〟）品質ではないからである。

ちなみに世界初の超音速旅客機である「コンコルド」は、最高品質ではあったが最適品質ではなかった。マッハ2で飛ぶ「コンコルド」は世界最速だったものの、客室が小さい、室内の騒音や振動が大きい、航続距離が短いという、利用者にとっての満足レベルが低かった。

品質は最高であっても、顧客から必要とされない「受けない品質」では商品は売れない。肝心なのは「受ける品質」、すなわち最適品質の商品をつくることだ。最適品質を実現するための力とは、顧客のウォンツを察知し、そこから商品を発想する力である。

いま世界に和食文化が広がっている。魚を中心とした和食は、アメリカや中国にはない食文化だった。アメリカや中国になかった食文化を広めるというチャレンジも、また大胆な発想力からしか生まれない。文化や習慣がないからといって、そこにビジネスチャンスがないと見るのは間違いだ。

発想力の源泉である顧客のウォンツは社内では見つからない。

したがって、トップは働く総時間の20％は外に出るべきである。穴熊になってはならない。発想力のあるトップとは猟犬である。

第5章 組織をいきいきさせる力

THE POWER of 7 CHAPTER 5 “ORGANIZATION”

任せる力

トップの仕事の1丁目1番地は、方向性を定めて明確に示すことだ。方向を示したら、あとは現場の実行である。日産のカルロス・ゴーン会長は「会社が成功するために計画が持つ重要性は5％である。残りの95％は実行（〝Execution〟）である」と言っている。実行がなければ、いかなる戦略も計画も画餅《がべい》に帰する。実行とは「どうやるか」から始まる。単に上から言われたままに動くというだけでは、実行（〝Execution〟）ではない。

現場はまず「どうやるか」、次いでやった結果「どうなった」、さらに結果が思わしくなかったときに「どうすればよいか」を繰り返す。現場がこの3段階を繰り返すために、最も重要なのがトップからの働きかけだ。

では、トップからの働きかけとは何か。現場に「どうやるか」から目一杯任せることである。

何度も言うように「経営とは人を通じて結果を出す業」だ。人を通じて結果を出すためには、人に100％、ときに100％以上の力を発揮してもらわねばならない。そのためには社員を信用し、信頼して目一杯任すことだ。

任せる力

任せ方の5段階

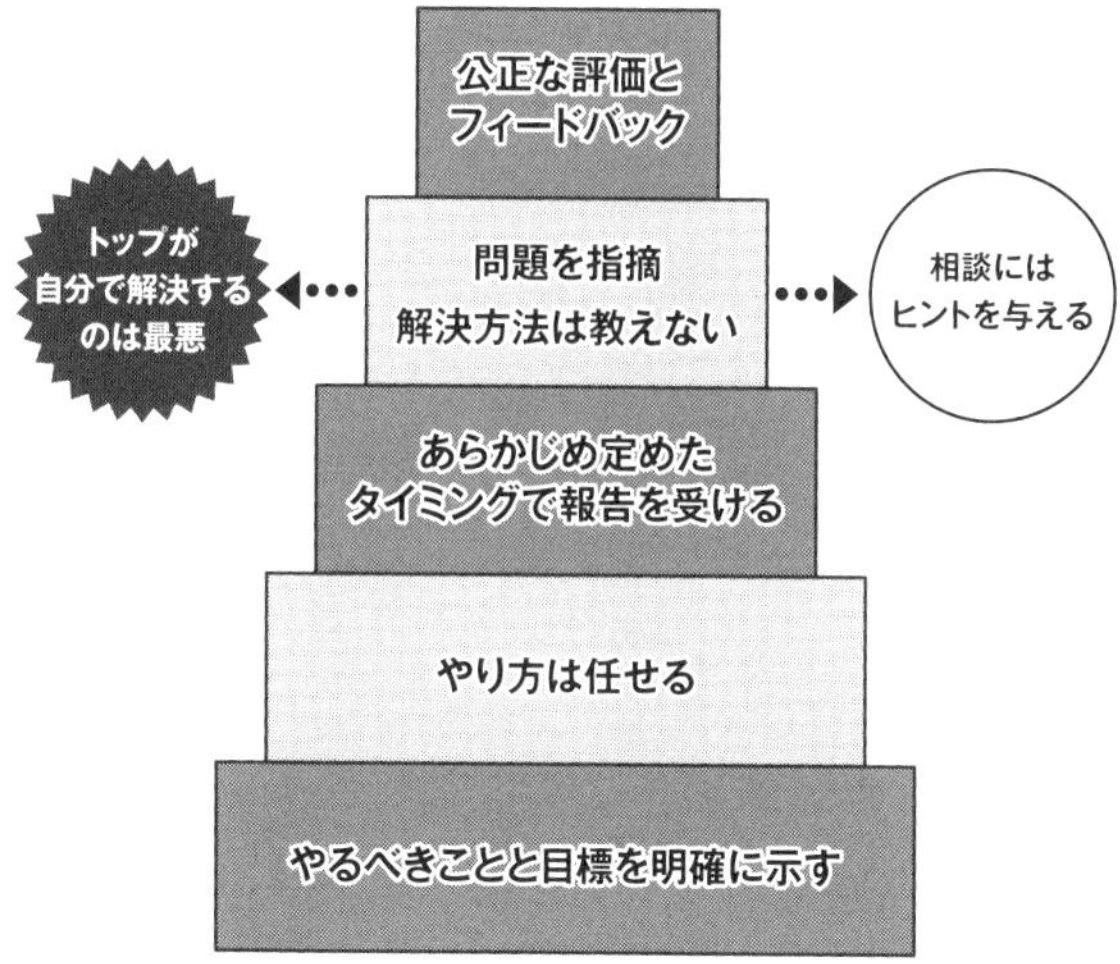

任せるというのは、信頼の表明でもある。人は信頼を示されればやる気になる。仕事にやりがい、生き甲斐を覚える。

「どうやるか」を任された社員は、信頼に応えようとするはずだ。

「人を育てるために最も効果的な方法は任せることである」（ピーター・ドラッカー）という。任されて結果が出れば、自信が生まれる。さらなるチャレンジ精神も育まれるだろう。その結果、自信とチャレンジのプロセスを繰り返し、人は成長するのだ。

人が伸びれば会社も伸びる。

任せるために必要なこと

英国海軍には「船長は血が出るほど唇をかむ」という言葉がある。

社員の行動を忍耐強く見守ることも、トップに求められる「任せる力」である。

社員が困って相談に来たときでも、安易に解決策を教えることは、やってはならないことだ。まして、トップ自らが問題解決に動くことは最悪である。

どうすればよいかがわかっていても、社員がそれに気づくまで我慢強く待つ。

人によっては苦行となるかもしれないが、これが任せる力の最も重要な部分だ。

トップは甘い親心で安易に現場へ介入してはならない。

日露戦争のとき、日本陸軍の現地総大将だった大山巌《いわお》は、作戦および指揮をとことん現場に任せていた。ロシア軍との戦闘で近くに砲弾が落ちたときでも「今日はどこかで戦《いくさ》でごわすか」と呑気なことを言っていたという逸話もある。

しかし、大山大将は心中決して呑気に人任せをしていたわけではない。大山大将自身、日露の戦いが日本の命運を握っていることは熟知していた。また、戦況についても部下の報告からいまどういう状況にあるか、よくわかっていた。

日露戦争後のインタビューで大山大将は、実は言いたいことは山ほどあったのだが、すべて飲み込んで口には出さなかったのだと述懐《じゅっかい》している。

くだんの逸話も、本当は戦況はどうなっているのかを問い質したかったのだが、それを言っては現場の参謀たちが緊張し、十分な働きができなくなる恐れがあるので、とっさに「戦でごわすか」と別の言葉にして発したのだという。

それでやや状況にふさわしくない呑気な言葉になったのである。

任せるということは、忍耐力、持久力、判断力という力の要ることだ。無責任に人に何かを押しつけ、自分は高みの見物という人には、永遠に「任せる力」は身につかない。唇から血が出るほど我慢する人にのみ与えられる力なのだ。

THE POWER OF 36

ORGANIZATION

人望の力

人気と人望は似て非なるものである。トップに必要なのは人望である。人気は不要だ。

人望のある人の下に人は集まる。中国には「桃李《とうり》不言《ふげん》　下自成蹊《したおのずからみちをなす》（桃李は物言わずとも、その下には自然と道ができる）」という言葉がある。桃の木は何も言わなくても人々は桃の実を求めてやって来るので、そこに自然に道ができるという意味だ。桃の木を人望のある人にたとえている。

人気も人望もあるというトップなら鬼に金棒である。だが、人気を得るために言説《げんせつ》を枉《ま》げたり、態度を繕《つくろ》ったりするのは間違いだ。そのような場当たり的なやり方では、すぐに馬脚《ばきゃく》を露《あらわ》す。

人気は意識すればある程度は得ることができる。

人気は表面的なことで判断されるからだ。内心や本質はどうであれ、外見上、人々が好ましく思える形をつくれば、それで一定の人気は確保できよう。しかし、人望となるとそうはいかない。

人望はその人の内面や本質から生まれるからだ。

人望の力

人望と人気の違い

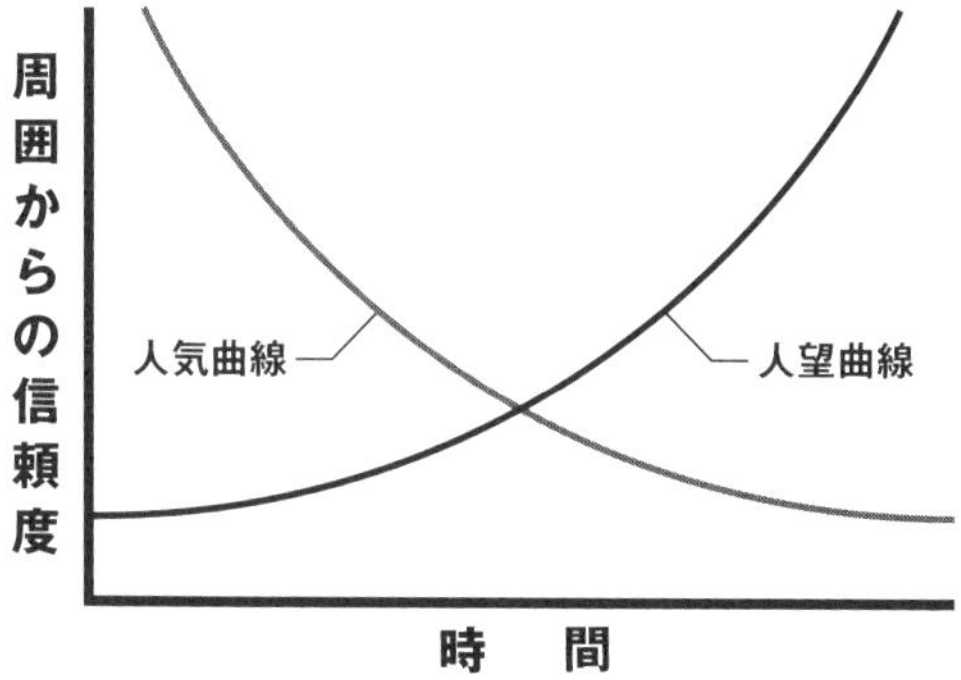

人気	人望
表面的	内面的
短期的	長期的
外見	本質
瞬発力	持続力
社交性・つき合い	信頼・尊敬

人望はその人の本質から生まれるため、人々から人望を得るには時間がかかる。本質を理解してもらうには時間がかかるからだ。そのかわり、一度人望を得れば、よほど失望させない限りそう簡単に失うこともない。

一方、人気はすぐに沸騰する反面、すぐに冷めてしまう。

トップは、いつも社員が喜ぶような甘いことばかりを言っていられない。ときに厳しい要求もする。厳しい要求にも進んで応えてくれるのは、人気に幻惑された社員ではなく、トップの人望に魅了された社員である。

トップは人気取りなどせず、常に人望を蓄える努力を忘れてはならない。

人望で天下を取る

徳は才の主人、才は徳の奴隷といわれる。才あって徳なしというのは、人気はあるが人望がない人といえよう。才能で人気は得られても人望は得られない。人々を率いていくトップにより重要なのは、やはり人望である。

漢の高祖、劉邦《りゅうほう》には戦の才能も政治の才能も乏しかった。しかし、始皇帝がつくった統一王朝である秦《しん》が亡《ほろ》んだ後に、中国に統一王朝を打ち立てたのは、その才に乏しい劉邦である。

劉邦は、才には乏しかったが人望はあった。その人望に引かれて、多くの英傑《えいけつ》が彼の下《もと》に集まったのだ。戦上手《いくさ》の将軍韓信、智謀《ちぼう》に長けた張良《ちょうりょう》、有能な行政官の蕭何《しょうか》、その他にも時代を代表するような才覚の持ち主が参集した。

戦には負け続け、勢力も大したことがない劉邦の軍団にやって来た英傑たちは、何らかの見返り、メリットなど期待していない。もし、勝ち馬に乗るつもりであったのならば、楚《そ》の項羽《こうう》という大勢力があった。しかし、彼らは劉邦を選んだ。劉邦には、いわば「人から助けられる力」があったのである。この人物を助けて天下を取らせたいという気にさせる力が、劉邦の真骨頂であった。

劉邦は英傑たちの力で漢王朝を立てるが、その劉邦と最後まで覇《は》を争ったのが項羽である。項羽は劉邦と違い、才にあふれた人物である。しかし、自らの才能を恃《たの》むあまり、他人の言うことには耳を貸そうとしなかった。

漢王朝を立てた後、劉邦は項羽についてこう言った。

「項羽は、范増《はんぞう》（項羽の軍師）1人すら、上手く使いこなすことができなかった。これが、項羽が滅亡し、自分が天下を勝ち取った理由だ」

人望の力とは優れた才能を使いこなすための大事な力なのである。

THE POWER of 7 37

ORGANIZATION

評価する力

組織にとって評価とは、個人と組織に活力を与える手段の1つだ。人を評価するときの基本は、FACT（事実）を評価することである。FACTとは「プロセス＋結果」だ。これが評価するときの原則である。

ただし、本人の周囲にいる人々の人物評は参考意見としては役立つこともある。「衆目《しゅうもく》の一致する」ことには軽視できない確かさがある。10人が1人を評価するときに、5対5と評価が分かれることはほとんどない。分かれたとしても9対1もしくは、8対2である。

評価の原則にはもう1つ大事なことがある。それは、評価したら必ず評価された本人に何らかのフィードバックをすることだ。部下にとって、自分に対する評価がわからないというのは、淋しく悲しいことである。評価がよくても悪くても、フィードバックを必ず行うことが原則である。

評価は2種類に分かれる。よい評価と悪い評価だ。よい評価には褒美を与え、悪い評価には罰を与える。信賞必罰である。これは強い組織をつくる基本でもある。信賞必罰が機能していない組織では甘えが生じ、組織が弛緩する。

評価する力

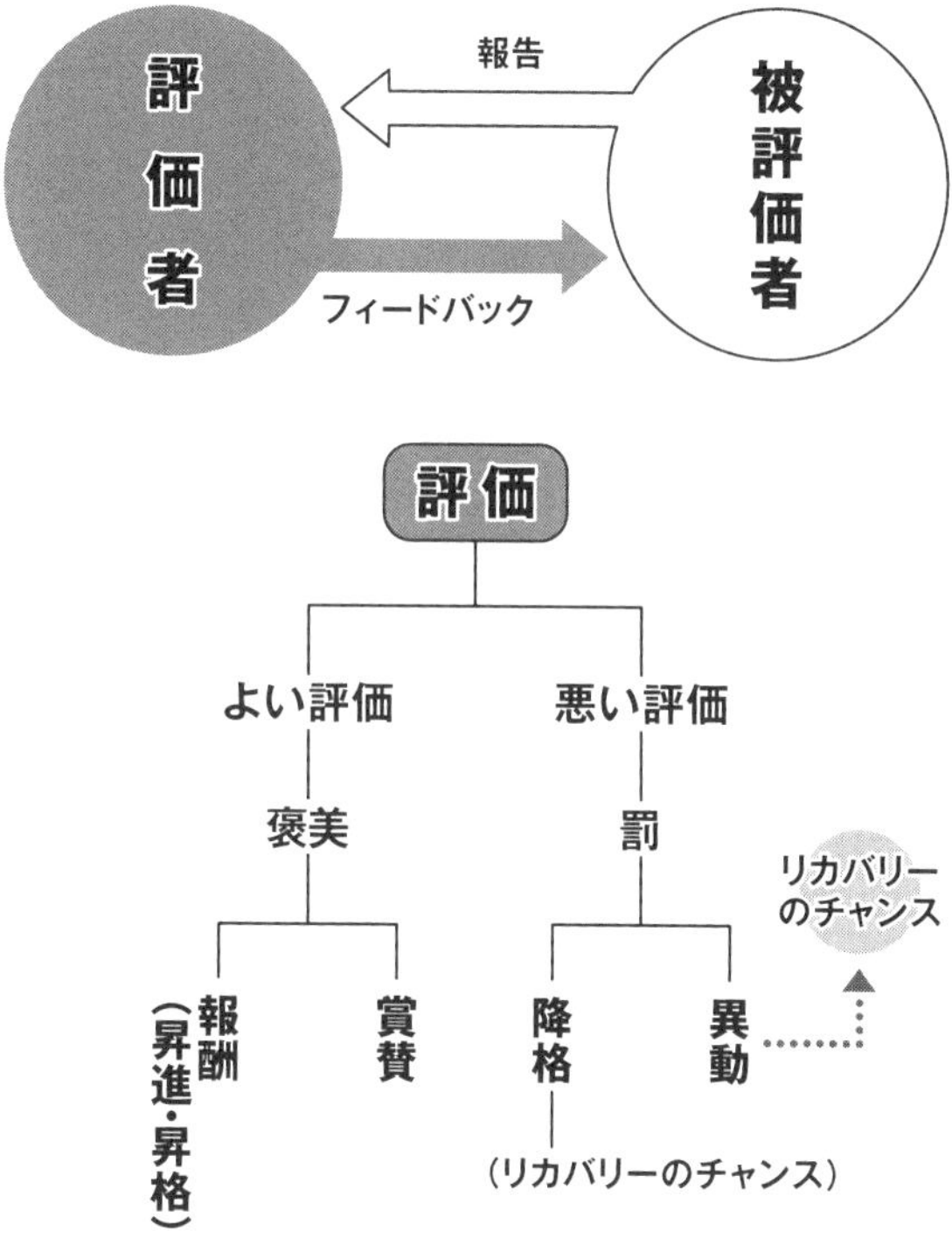
報告
評価者
被評価者
フィードバック
評価
よい評価
悪い評価
褒美
罰
リカバリーのチャンス
報酬（昇進・昇格）
賞賛
降格
異動
（リカバリーのチャンス）

『孫子』では、他国の軍隊の強さを推し量るとき、信賞必罰がきちんと実行されているかで、その実力が判断できるとしている。

よい評価には褒美がある。この褒美にも2種類がある。報酬と賞賛である。結果には報酬を、プロセス（努力）には賞賛を、これが褒美の原則だ。

一方、悪い評価の場合も、正しい対応をすることで組織に一本筋が通る。

罰なき評価は組織のタガを緩める。信賞必罰が公正かつ厳格に行われなければ、組織はトップの意思どおりに動かない。

未来につながる評価が真の評価する力

結果の評価は非情であるべきだ。これは信賞必罰の原則である。非情とは評価が冷徹に事実や結果に基づくものであることに加え、情実による評価をしないという意味だ。評価では「身内びいき」や「個人的な好き嫌い」という情の排除を徹底するべきである。「お友達組織」は政治でもビジネスでも正しく機能しない。

ではプロセスの評価はどうか。プロセスの評価によって、結果自体の評価が覆ることはない。結果はＦＡＣＴ（事実）だから不変であり不動である。プロセスでいくら一生懸命努力したとしても、結果に結びつかないことはある。結果が悪ければ評価は低い。どう取り繕っても負けは負けである。

しかし、同じ負けでもよい負けと悪い負けがある。よい負けに対してエールや賞賛を送ることがあってもよい。結果の評価は非情でも、プロセスの評価では有情もあってよい。

評価は情実を排し公正であることが第一、そして評価された人が自分に足りない点を反省し、改善し、さらに成長しようという未来につながる評価でありたい。未来につながる評価とは、あくまで「ＦＡＣＴ（事実）＝プロセス＋結果」に基づいた評価である。

評価が過去の結果の採点だけなら、機械でもできる。プロセスを点検することで、はじめて何が悪かったのか、どこが足りなかったのかという反省点と改善点が見つかる。悪かったこと、足りなかったことは次の仕事に反映させ、補い改善させればよい。

よかったことが見つかれば、継続して次回に生かすことができる。プロセスを評価することによって、過去の成功・失敗は未来へつながる貴重な財産となる。

上司が部下を評価するときの基本を、常に（ＦＡＣＴ＝プロセス＋結果）という原則で徹底することがトップの評価する力だ。

THE POWER OF 7 38

ORGANIZATION

チームワークの力

チームワークの力を発揮させる力が、トップに求められる力である。チームワークを発揮させるために、まずトップがやるべきことは人の集団をグループからチームに変えることだ。単なる人の群れという集団はグループである。1つの方向性を全員が共有して、はじめてグループはチームになる。集団がチームとならなければチームワークは生まれない。

企業がどこに向かって進むのか、その方向性を明確に示し、全員に納得させ共有させることがトップの役割だ。方向性を示すことはトップたる者が、まず第一に心がけるべき1丁目1番地である。

方向性とは、繰り返し述べているとおり「理念+目標+戦略」である。社員一人ひとりの持っている能力はテンデンバラバラである。力がバラバラな方向を向いているうちは生産性は上がらず、大きな成果は期待できない。社員の力の方向のことをベクトル（針路）という。このベクトルを一致させることで社員個々の力は結集し、大きな力となり大きな成果を上げることができるのだ。

チームワークの力

チームワークの力を発揮させるのがトップの力

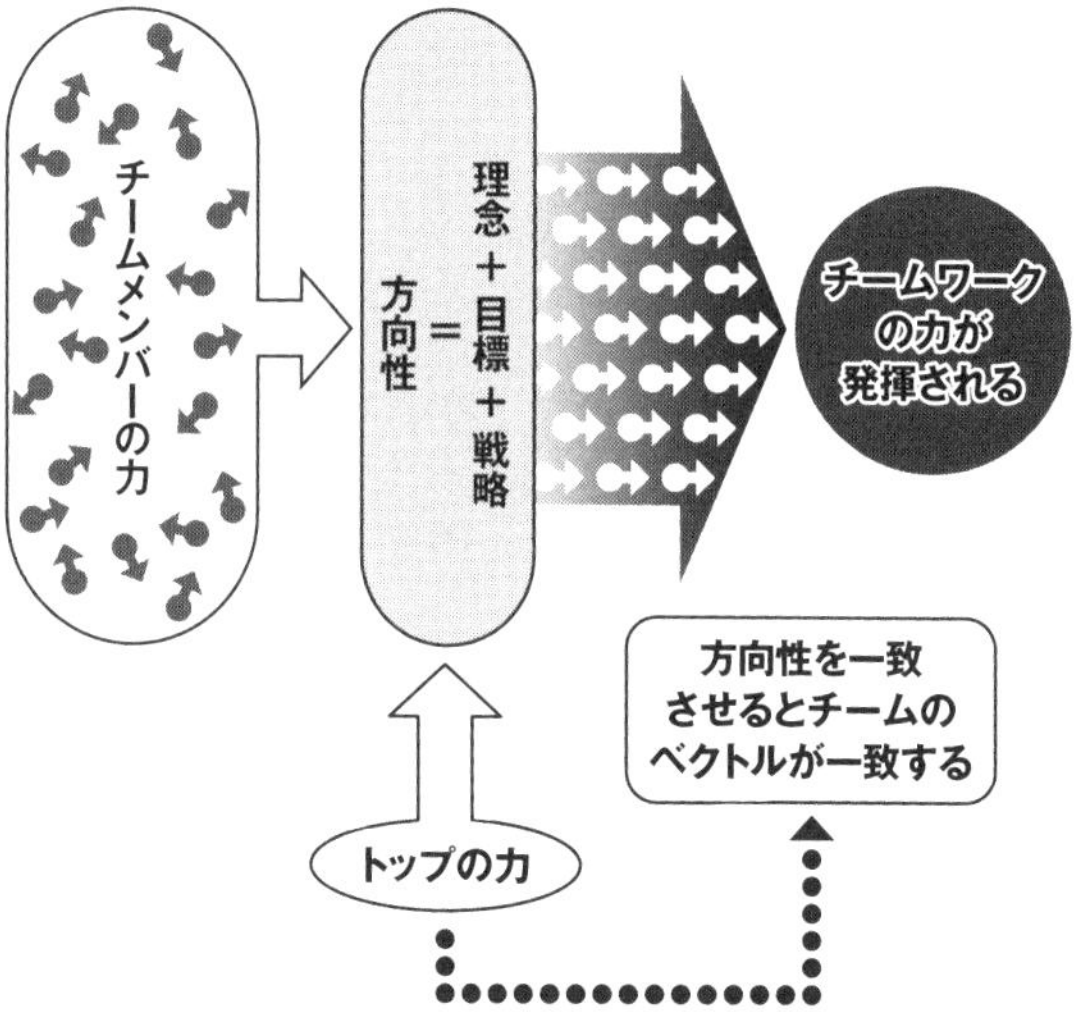

トップの役割は、社員が持つ力を同じベクトルに統一させることだ。方向性を示す効果とは、ベクトルの一致だけではない。方向性とはトンネルの先の光りであり、希望や期待の灯《ともしび》である。行く手に光明が見えることで、人は心が鼓舞され、さらに一歩を踏み出すことができる。

一人ひとり力の結集と動機づけを行うことにより、集団をグループからチームに変え、チーワークの力を発揮させることができる。方向性が明確であり社員によく理解され、納得されていれば、社員の力は1つの方向に結集される。

1人の力の限界を知れ

中小企業300万社のうち80%以上が伸び悩んでいる。その原因の多くはトップにある。中小企業のトップに最も多いのが「お山の大将」型だ。トップがいかに優秀であったとしても、1人の力には自ずから限界がある。〝Two heads are better than one.〟という英語がある。1人の考えより、2人の考えのほうがよいということだ。日本語では「3人寄れば文殊の智慧《ちえ》」という。

人の智慧や力を用いて結果を出してこそトップである。企業が成長するためには、トップに人を用いる力がなくてはならない。これは企業の規模、業種を問わない普遍の原理原則である。バカな社長は自分の強みと弱みを知らない。下手をするると自分は何でもできるという「万能症候群」という病気に罹《かか》っている。利口な社長は自分の強みや弱みを知っている。ワンマン・カリスマ社長とて自分の強み、弱みは知っているはずだ。だが、大利口の社長は自分の強み、弱みを知って弱みを補うチームをつくることができる。

ノーベル物理学賞を受賞した小柴昌俊氏、梶田隆章氏の功績は、それぞれカミオカンデ、スーパーカミオカンデがあって成し遂げられた。カミオカンデも、スーパーカミオカンデも建設に長い時間を要した研究施設である。こうした研究施設の建設は施工業者任せというわけにはいかない。施工業者と一緒になって現場で作業する研究者が必要だ。

ノーベル賞を受賞した画期的な研究成果は、こうした縁の下の力持ち的な研究者の存在と働きがあって、はじめて得られた成果といえる。ノーベル賞という成果を出すためには、日陰の努力をする人もいなければならない。

こうした陰の努力をする人の力も、またチームワークの力だ。営業がよい業績を上げるためには、側面から支援する間接部門という陰の力が必要なのである。

THE POWER of 7

39

ORGANIZATION

人財の力

「企業は人なり」。誰でも耳にしたことのある言葉だろう。

私は「会社育ては人育て。人育ては自分育て」と唱えている。社員を最も重要な経営資源である「人財」に育てるためには、何よりもまずトップ自身が「人財」でなければいけない。つまり、トップがよき人財のロールモデル（模範）であることが肝心なのだ。

ダイヤモンドはダイヤモンドによって磨かれ、人は人により磨かれる。トップが硬度の高いダイヤモンドでなければ、部下がダイヤモンドの原石であっても、磨き上げられ輝きを放つことはない。トップが人財であることによって、トップと触れる部下もはじめて人財へと磨き上げられるのだ。

部下を人財にする力とは、トップ自身の人財力にかかっている。何ごとも「隗より始めよ」ということだ。

ひと口に人財というが、では人財とはどういう人のことなのだろうか。

私は「ジンザイ」には4種類あると言っている。それは左ページの図にあるとおり、人財、人材、人在、それに人罪である。

人財の力

ジンザイの４タイプ

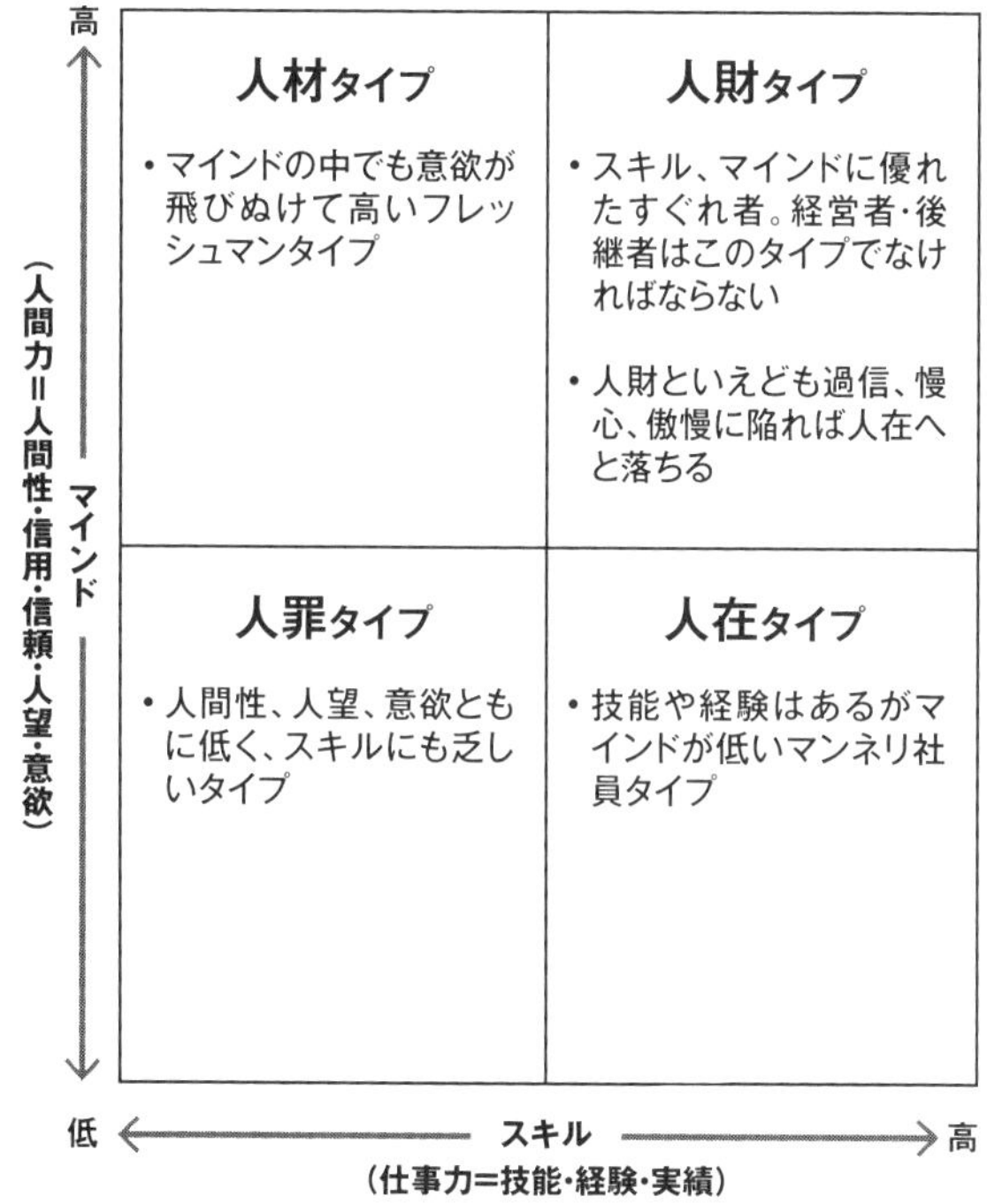

人財とは、仕事力（スキル）に優れ、人間性も立派で意欲も高く、さらに人の意欲も高められる人のことである。ただし自分のスキルや意欲が高いだけでは、まだ人財とはいえない。原石である。周りの人々の心に火を点け、人々の意欲・スキルを引き上げることができる人が人財である。こういう人財がまず人を成長させ、次に企業を成長させることができる。私の経験的知見では、人財の割合とは全社員のうちの5〜10％程度、限られた少数派だ。

人在とは、スキルは高いがマインドの低い人のことである。上からの指示命令があれば動くが、指示命令が降りてくるまでは自主的に動かない、ただそこに存在しているだけの人なので「人在」と呼ぶ。

人材とは、フレッシュマンでありビギナーである。概ねスキルは低いが意欲は高い。しかし、今のところは素材段階なので材料の材を当てて「人材」と呼ぶ。

人在を人財へ、人罪を人材へ

そして、人罪とはスキルも意欲も低いうえに人間性もよくない、会社に害をなすだけの罪な人だ。だがこの人罪は、どの会社にも2〜3％程度は存在する。

社員全員が人財であることは理想だが、残念ながら2：6：2の原則に見られるとおり、人在も人罪も少ないながらも必ず存在する。トップの力で肝心なのは、人在の人を人財へ、人罪の人はせめて人材へ移動するように働きかけることだ。人財はあれこれ世話をやく必要がない。少し困難な仕事を任せ、適宜様子を見ながら伸ばせばよい。しかし、人在や人罪は意識的な働きかけが必要だ。

クビにするのは早計である。社員に会社に貢献する義務と責任があるように、会社には教育訓練によって社員を優秀な人財に育てる責任がある。会社と社員の責任は、片務的ではなく双務的なものと考えるべきだ。

私は、営業成績が悪く周囲に愚痴や不満をこぼし、チームの士気を下げるばかりの人罪型の営業マンの処遇を改めたことがある。仕事の量を減らし、責任を軽くした。給料は下げたが負担を減らしたことで、彼の営業成績は以前よりも上がることとなった。

人間とは不思議である。成績が上がると今度は、今までになかった意欲も上がった。人罪だった者が人財には至らないものの、人材の中レベルになった。

不適材不適所だった人在や人罪を適材適所の配置転換によって、人材や人財に再生するのもトップの人財の力である。

THE POWER of 40

ORGANIZATION

会議の力

会議・ミーティングを開く目的は、概ね次の3つに絞られる。

①情報を共有する②アイデアや意見を求める③意思決定をする、である。

会議・ミーティングは、仕事をするうえで欠かせないプロセスだ。しかし、日本の会社における残業の筆頭原因も、また会議である。日本の企業にはムダな会議が多い。代表的なムダが3K、「会議」「紙」「コミッティー（委員会）」だ。

ムダな会議は排すべきである。ただし、会議・ミーティングからムダ話を排することは賢明ではない。会議・ミーティングはコミュニケーションをとるうえでよい機会だからだ。コミュニケーション、人間関係づくりでムダ話は有効な手段でもある。ムダの効用ともいう。

排すべきは、会して議せず、議して決せず、決して行わずという会議だ。これらはムダである。次にムダなのが上司のダラダラとした長話だ。

ムダの多い会議は、そもそも目的が不明確である場合が多い。現状の会議がどの目的で行われているのか、一度原点に立ち返ってみることだ。ムダな会議はトップの決断で排除可能である。これもトップの「会議の力」といえる。

会議の力

―― 会議品質評価シート ――

会議品質評価表　　　月　　日

●会議名

評　価　項　目	5=極めて満足 1=極めて不満足
① 会議の目的が事前に全参加者に知らされていたか。	(1 2 3 4 5)
② 全員が事前準備（意見・資料等）を十分に行ったうえで出席したか？	(1 2 3 4 5)
③ 会議の時間は開始、終了共々予定どおりにマネージできたか？　長さは妥当だったか？	(1 2 3 4 5)
④ 遅刻者、中途退席者はいなかったか？	(1 2 3 4 5)
⑤ 出席者の数と質（専門分野、職位等）は会議の趣旨と目的に沿ったものだったか？	(1 2 3 4 5)
⑥ 全員が〝Speak Out〟をして、会議の付加価値を高めることに貢献したか？	(1 2 3 4 5)
⑦ 会議の議事録（ミニッツ）とフォローアップ・アクションプランが24時間以内に作成され、会議参加者及び関係者と共有されたか？	(1 2 3 4 5)
⑧ 会議の生産性を高めるための資料・機材の準備はできていたか？	(1 2 3 4 5)
⑨ 会議本来の目的は遂行されたか？	(1 2 3 4 5)
⑩ この会議は“本当に”必要だったか？	(1 2 3 4 5)
	合計点

改　善　策

我が社の「会議品質」を高めるための具体的な改善策

ムダな会議を廃止するのもトップの「会議の力」だが、必要な会議の効果を高めることも「会議の力」である。会議の効果を高めるには、前ページの「会議品質評価シート」にある10項目で自社の会議品質をしっかりチェックし修正することが肝心だ。

評価の低い項目は、会議をムダな時間にしている原因である。まずそこから改善に取り組んでいくことが必要である。

短い時間で効果を上げる会議のやり方

会議・ミーティングには「よい会議・ミーティング」と「悪い会議・ミーティング」がある。よい会議・ミーティングは、チーム全体の相互理解度を高め、仕事の問題点を除き、課題を解決し、生産性の向上に貢献する。

一方、悪い会議・ミーティングとは、徒《いたず》らにチームメンバーの時間を奪うだけの会議・ミーティングである。我が社はどうしたらムダな会議を減らすことができるかを決めるために会議を開いたという、笑えない笑い話もある。

時間は貴重な経営資源の1つだ。時間を浪費することは経営資源の浪費に他ならない。「時は金なり」である。

時間ばかりがかかった会議の代表例には、「会議は踊る、されど進まず」の名言を生んだ「ウィーン会議」がある。ナポレオン戦争後のヨーロッパの秩序再建のために開かれた国際会議だったが、各国の思惑が絡み合い、会議は進まず、夜の舞踏会ばかりが延々と続いた。世界史に残る「ムダな会議」である。

日本でも、いつまでも決まらない小田原評定《ひょうじょう》が有名だ。また、織田信長亡き後の体制を話し合うために開かれた清洲会議も、各武将の思惑が交差し長い会議となった。いずれも会議をリードする議長に、力強さが欠けていたことが原因だ。

会議品質は議長によって決まる。だからトップには「会議の力」が必要なのだ。また、紙の多い会議ほど生産性が低いものだ。長い文章、長い説明は紙であろうとデジタルであろうと会議の品質を下げる。事前の資料も短ければ短いほどよい。アメリカの企業には〝Executive Summary〟と呼ばれるものがある。経営者への提案書は1枚、多くても2枚にまとめるということだ。

会議・ミーティングは短ければ短いほどよいが、そのためにコミュニケーションの機会を削るのは間違いだ。会議・ミーティングの「効率」は上がっても、重要な「効果」の1つである「コミュニケーションのチャンス」を放棄することになってしまう。

THE POWER of 41

ORGANIZATION

採用する力

その企業の社員品質を決定する80％以上は採用にかかっている。

人材が人財となるか否かは、教育訓練や育成制度による効果が20％ほど、残りの80％は採用時点で決まる。銀や銅も磨けば光る素材だが、銀や銅はいくら磨いても（教育訓練を施し経験を積ませても）金色には光らない。銀は銀、銅は銅であって、どんなに磨いてもドウにもならない。未来永劫銅なのだ。

採用の力とは、磨けば金という素材を見抜いて採用することだ。よって、肝心なのは金の素材を見抜く眼力である。いかに金でも素材のうちは、はじめから金色に輝いていることはない。たいていは泥の中に隠れているし、金になるまでには何度かの精錬《せいれん》を要することもある。

人を見る目で大事なのは、1つは思い込みや不遜《ふそん》を排した謙虚さである。山は麓から見上げなければ、その偉大さや美しさがわからない。上空から見下ろした山は、名山といえども、単なる森林、あるいは荒れた岩場でしかないからだ。

思い込みや偏見を排除した謙虚な目で人を見ることが、人を見抜ける人の条件なのである。

採用する力

― 中途採用面接評価シート ―

Ⅰ. 人間力（マインド）　　満点＝10

1. 我が社の企業理念との共感性は高いか。 □
2. 態度、発言は明るく、好感度は高いか。 □
3. 目に光、声に張りがあるか。志や情熱を感じさせるか。 □
4. 人生に、短期と長期の目標を持って追求しているか。 □
5. 全体としてインテグリティー（誠実性、人間としての信頼性）を感じさせるか。 □

小　計 □

Ⅱ. 経験・能力（スキル）

1. 我が社の成長・発展に資することのできるビジネス経験と実績はあるか。 □
2. 今までのビジネス経験の中で〝自分はこれを達成した、成し遂げた〟という成果や結果を出しているか。 □
3. ビジネスの面で、失敗を経験しているか。失敗から学んでいるか。 □
4. 我が社に入社を希望する理由は何か。長期的コミットメントはあるか。 □
5. 自分の考えを相手に伝えるコミュニケーション能力は高いか。グッド・リスナー（積極的傾聴者）であるか。 □

小　計 □

合計点 □

※80点以上は合格

面接者コメント

	チェック
1.採用すべき理由	□
2.採用すべきでない理由	□

面接者名（一次）＿＿＿＿

面接者名（二次）＿＿＿＿

被面接者名＿＿＿＿

面接日　／　／

包装紙の内側の中味に注目せよ

次に大事なのは、包装紙に目を奪われないことだ。東大を出たとか、ハーバード大学を出たという学歴と、その人が持つ本質的な価値とは何の関係もない。ニセモノの金メッキにだまされたり、イミテーションを本物と勘違いしてしまうのは、人を履歴書や資格などの肩書きだけで判断するからだ。学歴や経歴、肩書きといった、いわば包装紙ばかりを見ていては人を見抜くことはできない。

前ページに私のつくった中途採用のためのチェックシートがある。

このチェックシートを使えば、中途採用での大きな失敗は避けることができる。チェックシートの採点は、まず採用担当者、経営者が相談しないで個々に点数をつけ、採点結果が相互に食い違っていれば話し合って調整するというルールだ。チェックシートで求人の応募者を採点して、80点以上ならすぐに採用してよい。60点以上であれば合格ギリギリライン、採用を検討する、あるいは2次試験を受けさせてもよい人である。それ以下であれば、基本的にお引取り願うべきだ。

採用するときには、応募者の持つスキルとマインドを審査する。より重視すべきはマインドである。そこは新卒の採用も、中途採用も変わりはない。

では、マインドの中でも最も重要なのは何か。意欲か。人間性か。

私がジョンソン・エンド・ジョンソンの社長時代に採用した社員で、「理念に共感して入社を希望しました」という社員に外れはいなかった。我が社の理念に共感できる人は、思想・信条、見識においても、すでに求める水準に近いところにいると見ることができる。

また、会社選びの段階でジョンソン・エンド・ジョンソンの理念に共感して求人に応募してきている人は、入社後に「入社前に思っていたことと違う」ということがない。入社した本人にとっても失望や後悔がないのだから、持てるスキルをフルに発揮してくれる。

企業理念に共感できるということは、採用する会社にとっても、採用される本人にとってもWIN－WINでハッピーなことなのである。

スキルについては次のように考えるべきだ。中途採用では、現有のスキルを評価するが、以前の会社とまったく同じスキルが我が社でも全て通用するということは、おいそれとはない。職場が違えば必ず求められるスキルは異なるものだ。

したがってスキルは、入社後に期待できる伸びしろの有無も、採用するうえでの判断材料となる。新入社員では伸びしろがスキル評価のほとんどといえよう。

第6章　自分を磨く力

THE POWER of 7

CHAPTER 6
"BRUSH UP YOURSELF"

THE POWER of 42

BRUSH UP YOURSELF

人格の力

人は見た目が90％といわれる。人は視覚情報から全体の90％の情報を得ている。目に見えることといえば、外見である。しかし、外見で大事なこととは、姿かたちのことではなく、態度・行動だ。人の人格は、何気ない態度・行動に表れる。部下や社員はそこを見逃さない。

トップは常に社員から見られている。365日、360度から見られ続けている。しかも、好意的な目で見られることは少なく、批判的、あるいは意地悪い目で見られることが多い。いくら外見を取り繕おうとしても、あらゆる角度から見られ続けていれば必ず隙が生じる。

望ましいのは自然体でいて、インテグリティの高い高潔な人格が表れることだ。高潔な習慣の人には高潔な人格が備わる。「意識が変われば態度が変わる。態度が変われば習慣が変わる。習慣が変われば人格が変わる。人格が変われば人生が変わる」という。

人格、人徳という言葉がある。トップを含め社員の人格、人徳が高いと会社の社格、社徳が高まる。

人格の力

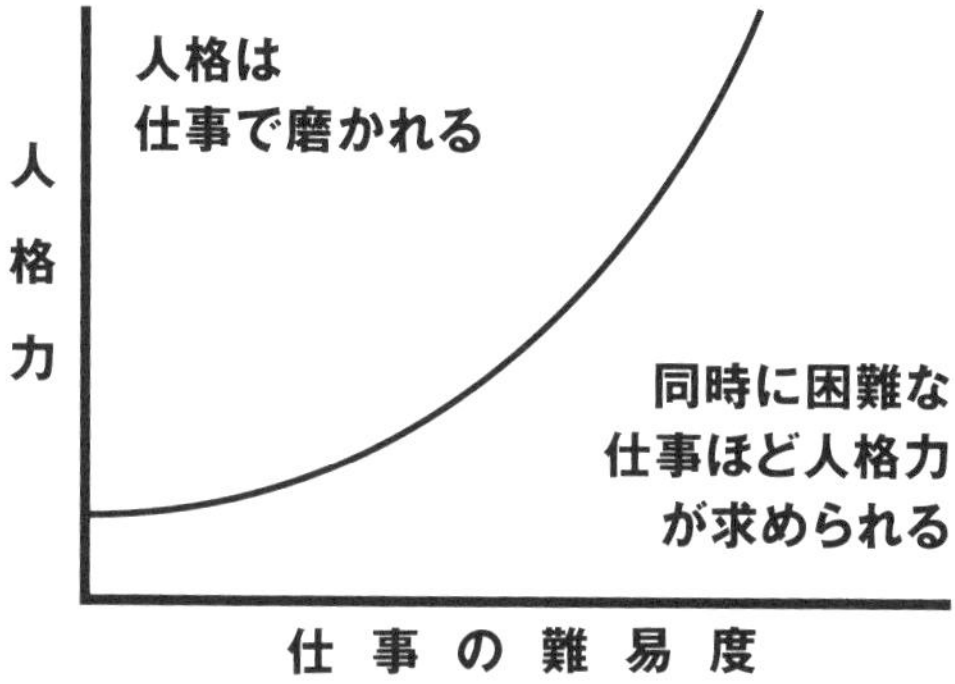

外見力	人格力
スキルの力	マインドの力
取り繕い可能	自然体
計画的に発揮	いざというときに発揮
ごまかせる	ごまかせない
人気につながる	人望につながる
まねる	学ぶ

では、そもそも人格に人を動かすような力があるのだろうか。

人を動かす人格の力

日露戦争の日本海海戦で、日本海軍を勝利に導いた連合艦隊司令長官の東郷平八郎には、こういう逸話がある。

ロシアのバルチック艦隊が回遊してくる前に、極東のロシア海軍の戦力を減らしておくため、連合艦隊は何度か戦闘を繰り返していた。ある作戦で水雷艇（魚雷艇）を出動させ、敵の軍艦を沈めようとした。

しかし、水雷艇は容易に敵艦船に近づくことができず作戦は失敗した。意気消沈して報告にきた水雷艇の指揮官に対し、東郷司令長官は静かな口調で「ご苦労だった」と声をかけ、テーブルの菓子を指揮官たちにすすめた。

この様子を見ていた連合艦隊の作戦参謀、秋山真之は東郷司令長官に人格の力を感じたという。人の何気ない所作に人は人格の力を感じるのである。

こういう話もある。高名な禅僧良寛《りょうかん》和尚《おしょう》は旅の途中、とある村の名主の家に投宿する。名主は高名な良寛が来てくれたことを幸いに、自分の息子の放蕩《ほうとう》を改めてもらおうと良寛に頼んだ。良寛は快諾し、早速その晩、放蕩息子が良寛のいる部屋へやってきた。

しかし、良寛はもっぱら放蕩息子の話に耳を傾けるばかりで、一向に説教しようとはしない。翌日の晩も同じことが続いた。良寛は、放蕩息子の愚痴とも泣き言ともつかぬ話に相槌を打ちながら、熱心に耳を傾けることしかしなかった。

そして翌朝、良寛は旅立ってしまった。名主は高名な僧侶と聞いて説教を頼んだのに、結局、何の話もしなかった良寛に大いに失望した。

ところが良寛が旅立ったその日から、放蕩者だった息子の様子が変わった。朝から農地へ出て夕方遅くまで働き続けた。村の隅々まで見て回り、修理の必要な水路や崩れかけた道の補修までやるようになった。

放蕩息子は良寛ほどの立派な僧侶が、自分のような者の話を熱心に聞いてくれたことに感動し、自尊感情に刺激を受けたのである。こんな立派な人に熱心に話を聞いてもらえる自分は、決してどうでもよい人間ではないと気づいたのだ。

人格の力とはこうしたものだ。そしてトップの人格は仕事で磨かれる。困難な仕事に正面から取り組むことで、人格が磨かれ力となる。その力は、さらに困難な仕事を成し遂げるための力でもある。古くは「艱難汝《かんなんなんじ》を玉《たま》にす」という。

THE POWER of 7

43

BRUSH UP YOURSELF

見極める力

元大手商社の経営者のNさんは常々こう言っている。

「何かを判断するときには必ず現場に行って、現物を見ることが大事だ。経営者は、人から聞いた話や世間の評判だけで判断をしてはならない」と。

現場主義というのは、多くの経営者が実践している。「3現主義」という言葉もある。3現主義とは「現場」「現物」「現実」主義のことである。

経営者は「現場」「現物」「現実」からはなれて判断をすれば、必ず間違う。迷ったときには「現場」「現物」「現実」に戻ることが基本だ。

しかし、Nさんによれば「3現主義」では十分ではない。「肝心なのは〝自ら〟現場に足を運び、現物を確認して、現実を知ることである。自ら足を運ばずに現場の担当者の話を聞き、現物の評価を聞くだけでは、現実を知ることはできない」と言う。いわば「3現1自主義」である。

人の話には加工という工程が入る。情報は生が一番、後追い加工情報ではだめだ。自ら現場へ出向き、直接現場の話を聴くのと、間に人を介するのとでは情報の鮮度が違う。

見極める力
―3現1自主義―

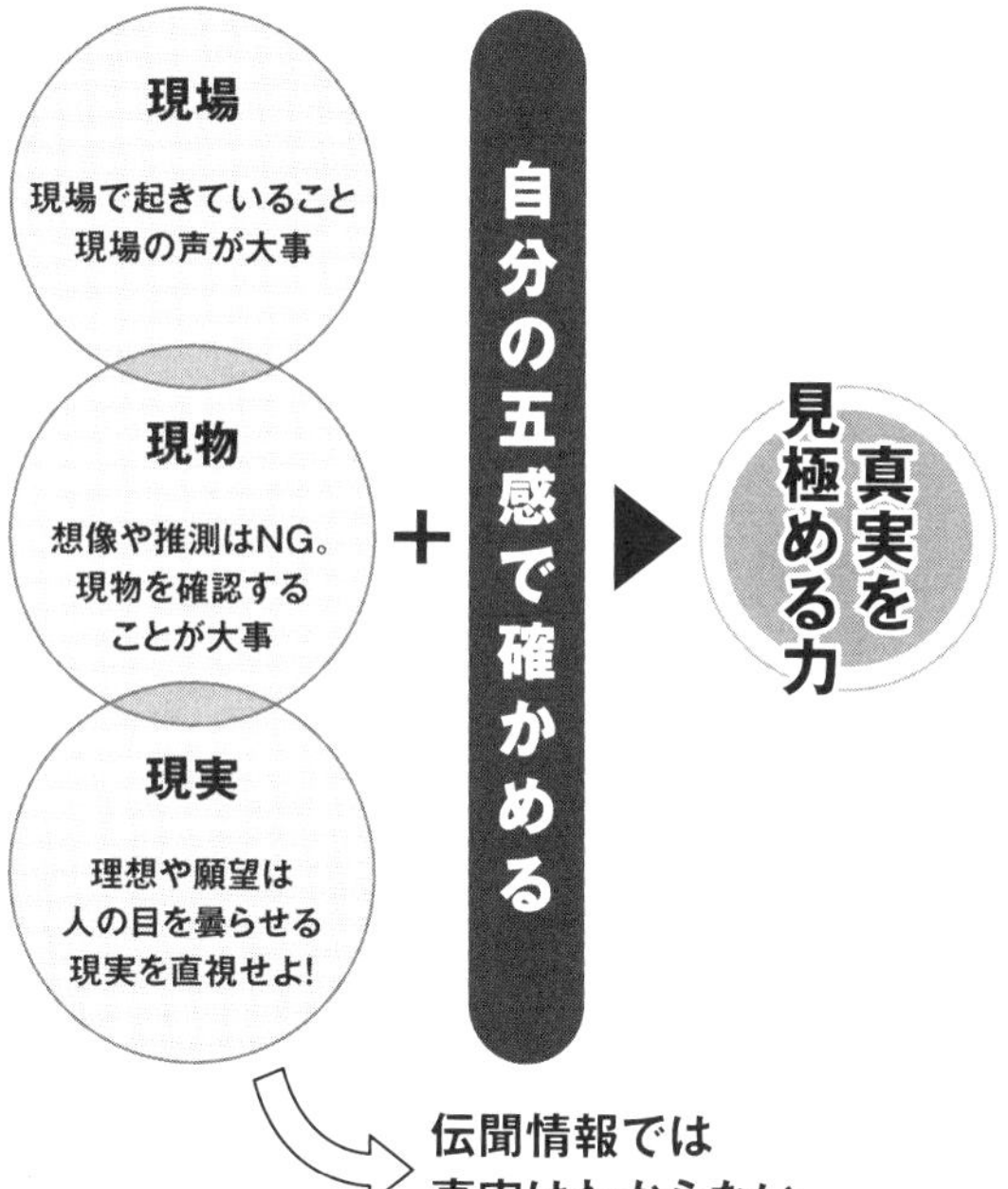

数億円の損を出して目の前が真っ暗に

Nさんが「3現1自主義」に至った経緯はこうだ。

彼は若い頃に商社の社員として、アメリカで穀物の買いつけを担当していた。ある年のこと、長期の気象予測では農作物の不作が伝えられ、専門家も一様にその年の収穫について不作の見通しを述べていた。

農作物の収穫量が少なければ市場価格は高騰する。

彼は値上がりを前提にして、高めの価格で大量に穀物の注文を出した。取引先に安定して穀物を供給するためである。市場価格が高騰してからでは、十分な穀物量を確保できないと読んだのだ。

ところが予想に反して、その年の穀物の収穫量は例年よりもやや良好、むしろ豊作だった。市場価格は上がらず、彼は市場価格の何倍かで注文した穀物を引き取らねばならなくなり、会社に数億円の損をさせてしまった。

まだ日本のGDPが40兆円足らずの時代、数億円はいまの価値では数十億円である。彼はこのとき、本当に目の前が真っ暗になるという経験をしたそうだ。

彼はいっとき会社を辞めようと真剣に考えた。

なんとか会社に留まった彼に、チャンスが訪れた。数年後、同じ穀物の収穫予想が出た。今度も不作という見通しだ。他社の担当者は皆価格の高騰を見込んで予約注文に走った。しかしNさんは、今度は専門家の予想に動かされなかった。

彼は穀物の主要産地へ車を飛ばした。アメリカは広い。車で数日かかった。現地で農家に様子を聴いてみると、専門家の話と異なる。作つけは順調で、生育にも問題がない。長期の気象予測についても尋ねたが、産地農家のこれまでの体験からは、そんな予兆はないという。

Nさんは、頭では専門家の気象予測で作物の不作を理解していたが、現場の空気を体感して豊作を確信した。Nさんは高値での予約注文をせず、今度は数億円の利益を会社にもたらすことができた。

経営者とは人を通じて業績を上げるのが仕事だ。

だが、決断は経営者1人の判断で行わなければならないときがある。どんなに人の話に耳を傾けても最後の判断と決断は「独り」だ。独りで判断し、決断するから独断である。決断、判断に迫られたときに決め手となるのが、自ら現場に行き、現物に触れ、現実を知る「3現1自主義」なのである。

BRUSH UP YOURSELF

THE POWER OF 44

学ぶ力

トップにとって学ぶ力とは、トップに必要な力の源泉であると言ってもよい。

私は「3人のメンターがいれば人生はバラ色である」と唱えている。メンターとは人生の師というような意味だ。公私にわたって相談できる心強い相手である。そのメンターは、自分自身に本気で学ぶ心がなければ、目の前にいても、その人がメンターであるとは気づかない。

人の話に耳を傾けることも、こちらに学ぶ心があってはじめてできることだ。いかなる人からでも学ぼうとする姿勢が、自然に人の話を傾聴するという態度になるのである。諫言や忠言、異見に対しても、自分に学ぶ心がなければ、決して心に響くことはない。

街角の風景から、ビジネスにかかわる大きなヒントや問題解決の方法が閃くという逸話は数多くある。

街角の風景からビジネスのヒントや問題解決の方法を着想する人は、24時間、問題意識が頭から離れない人だ。問題意識も、また学ぶ心から生まれる。漠然と街を歩いているだけの人には、こうした感動的な体験は訪れない。

学ぶ力

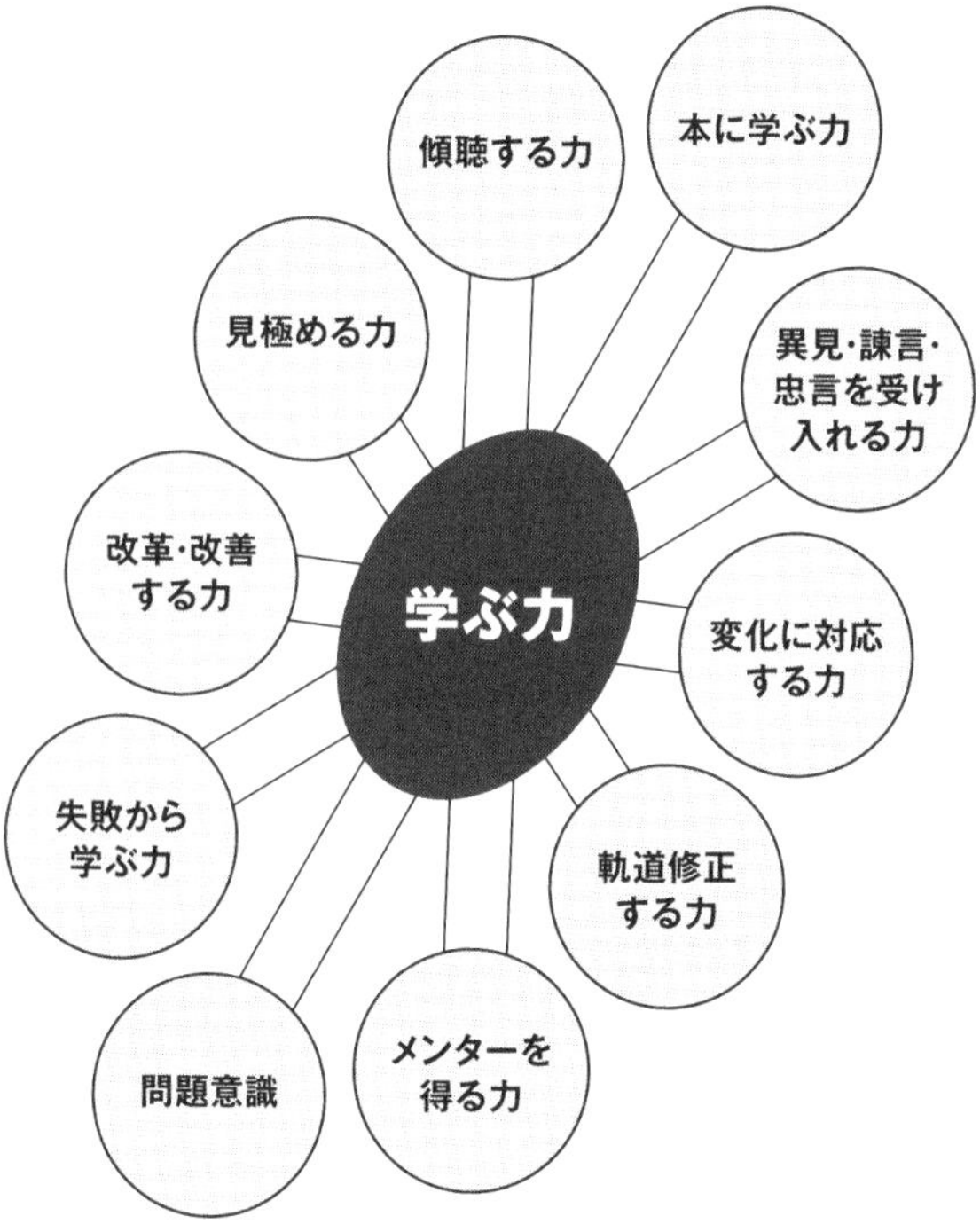
学ぶ力
傾聴する力
本に学ぶ力
見極める力
異見・諫言・忠言を受け入れる力
改革・改善する力
変化に対応する力
失敗から学ぶ力
軌道修正する力
問題意識
メンターを得る力

失敗から学ぶ力

人が最も多くのことを強く学ぶチャンスとは、失敗である。失敗が許されない文化の企業は伸びない。1回目の失敗は経験である。2回目の失敗は確認である。3回失敗を繰り返すのは愚者である。失敗から学ぶ力のある人を利口者という。反対に、失敗から何も学ばない人をバカという。失敗から学ぶ人だけが、成功をつかむことのできる人だ。

失敗は悔やむべきことではなく、学ぶべきことなのだと心に刻むべきである。私自身、多くの失敗から学び、今日に至っている。若い頃の失敗は特に印象深い。スキルだけでは、人はよろこんでついて来ないという苦い体験をしたのである。

私は、30代でシェル石油から日本コカ・コーラにマーケティング部長として移った。このときの私は、仕事では誰にも負けない自負と自信と実績があった。仕事の知識も腕も、部下にはまったく劣らないと思っていた。

つまり、マーケティング部長として自信にあふれ、勇躍《ゆうやく》、日本コカ・コーラの本社へ出社した。ところが、新しい職場の新しい部下たちの反応が冷たい。

私は自分に何が足りないのか大いに悩み、その当時、私淑《ししゅく》していた大先輩（メンターの1人）に相談をした。彼は私に「君には仕事の力（スキル）がある。しかし、部下は君が仕事ができるだけでは、心からよろこんでついては来ない。仕事の力に加えて、あの人の後について行きたいと思われるような、人間力（マインド）も備えている上司に、部下はよろこんでついて行く」と教えてくれた。リーダーには、仕事の力という信用力と、人間性や人格、人望という信頼力が必要であることを私はこのとき身をもって痛感した。

その痛感をバネに、人間力を身につけるべく多くの本を読んだ。このときが人生で最も多くの本を読んだ時期である。ピーター・F・ドラッカーやデール・カーネギーの本を読んだのもこの頃だ。安岡正篤の著作も座右の書とした。

同時に生きた手本（メンター）にも学んだ。「この人は人間力がある」と見込んだ人の言動を徹底的に観察し学んだのである。「学ぶ」とは「真似ぶ」だ。

そうして数ヵ月が経った頃、部下から「新さんは変わった」という声が聞こえてきた。

少しずつ、しかし着実に、どことなく冷たかった部下の態度が明るく楽しげなものに変わっていった。スキルばかりに頼り、マインドを疎かにしていたことに気づいたのが、私の失敗を成功に導いた根源である。

THE POWER of 45

復元する力

復元力はレジリエンス〝Resilience〟という言葉で表現されることが多い。レジリエンスとは心理学的な復元力である。精神的な回復力といえよう。物理的な復元力を表す英語は〝Restoration〟だ。壊れた物を元に戻すという意味である。復元する力とは精神的であれ、物理的であれ、壊れた状態から元の状態に戻すことをいう。

一般的にはこれでよい。しかし、トップの力としての復元力は元に戻すだけでは、せいぜい50点どまりである。

復元力のある経営者は、企業の壊れた部分を再建できるだろう。だが、それでは経営者としては二流である。一流の経営者は企業が傾き始める前に手を打って、その傾きを止める。つまり、企業が壊れる前に立て直すことができるのだから、一流の経営者には〝Restoration〟の力は必要ないのだ。

トップに求められる真の復元力とは、そもそも復元する必要を生じさせない力だ。虫歯を治すことに長けた歯医者は名医かもしれないが、真の名医とは虫歯にならないための事前の措置を施せる歯医者だ。治療よりも予防が肝心なのである。

経営品質診断書

	評価基準	配点(A)	評価(B)(1-4)	合計点(A×B)	対策
情熱	1) トップの情熱・夢・志				
	2) 職場の情熱度・活性度・正しい社員満足				
方向性 理念(ミッション・ビジョン・バリュー)	1) 理解度・納得度・活用度				
目標(SMART)	2) 理解度・納得度				
戦略	3) 理解度・納得度				
商品・サービス品質	1) 流れの提供				
	2) 優位性を伴った差別化				
	3) コスト競争力				
顧客・社会満足	顧客感動(冷えた4本のビール)・社会貢献				
社員品質・満足	1) スキル(仕事力)				
	2) マインド(人間力=信頼・尊敬・意欲)				
	3) (正しい)満足				
変化(改善・革新)マインド	意欲と実行度				
合 計					

評価 ： 1=非常に不満足　4=非常に満足

企業も人も、治療よりも予防が大事なのだ。

病状が3期や4期、5期ともなるともはや手遅れである。兆候が表れた1期の段階で問題を察知して、適切な手を打つには、定期健診が必要である。前ページの経営品質診断書は、企業に老化がないかをチェックするための診断書である。

定期健診は年に1回～2回程度は行うべきだ。定期健診を怠らなければ企業が倒産することはなく、企業が倒産しなければトップが壊れた企業を復元する力を発揮する必要もない。

トップには健全な不満が必要

英語には〝If you think you are good enough, you are finished（これで十分と思ったらあなたは終わりだ）〟という言葉がある。企業は、経営者がもうこれで十分と思った瞬間から老化が始まる。浮世絵師の葛飾北斎は、90歳近くまで生きた当時として珍しい長寿であったが、死の直前まで自身の画法の追求をやめなかった人である。北斎は最晩年になっても自分の絵に満足できず、ときに自分の才能のなさに嘆くことさえあったという。

トヨタの有名なカイゼンも終わりなき挑戦である。

このカイゼンは、英語では〝Continuous Improvement（継続的改善）〟と言う。トップがもう十分と思えば、トップに従っている社員はただちに前進を止める。トップは常に一歩前に進む姿勢でいなければならない。「もう」ではなく「まだ」がトップの基本姿勢である。そのためには現状に満足してはいけない。

常に現状に対して不満を持っていることが大切だ。ただし、この不満は愚痴や未練などの後ろ向きの不満ではない。未来を拓くための健全な不満〝Positive Discontent〟だ。トップが現状に健全な不満を持ち続けることで、それが組織全体の活力となり、改善の継続と徹底に結びつくのだ。

『現場に不満の火を燃やせ』（神吉晴夫《かんきはるお》）という本があった。トップが健全な不満を持つと、不満の火は社員にも伝わる。

健全な不満は、組織全体に共有されるべきものである。私はこれを「現状否定、対策肯定」と称している。

組織全体に健全な不満を持つ姿勢が共有されると、組織が傾く兆候が表れた瞬間に、悪化を予防するスイッチが自動的に入るようになる。

そこまで自分の企業をつくりあげることが、真の意味でのトップの復元する力といえるのである。

THE POWER of 46

BRUSH UP YOURSELF

スピードの力

グローバル化、IT化、ダイバーシティ（多様化）に共通することがある。それは変化のスピード化だ。いま世界はビシビシガタガタと音を立てて変わっている。企業にとって変化に対応することは絶対条件だが、どんなに正しい方向へ変わろうとしても、そのスピードが遅ければすべては手遅れとなる。

変化に適切に対応するためには、スピードがなければならないのである。

スピードとは速さのことであるが、速さにもいくつか種類がある。速さも必要に応じた使い分けが求められるのだ。特にトップに求められる速さは、〝Agility（アジリティ＝機敏性）〟と〝Nimbleness（ニンブルネス＝敏捷性《びんしょう》）〟である。

企業を取り巻く環境に変化が起きたとき、それを機敏に察知し素早く動く、抜け目のなさと瞬発力がトップに求められる力だ。まず動く。「拙速は巧遅《こうち》に勝る」は経営の原理原則の1つであり、鉄則と言える。

勝ち続ける企業、勝ち残る企業をつくるためには、他社にはない強み「コンピテンス」のレベルが高く、改善・改革のスピードも速い企業でなければいけない。

スピードの力

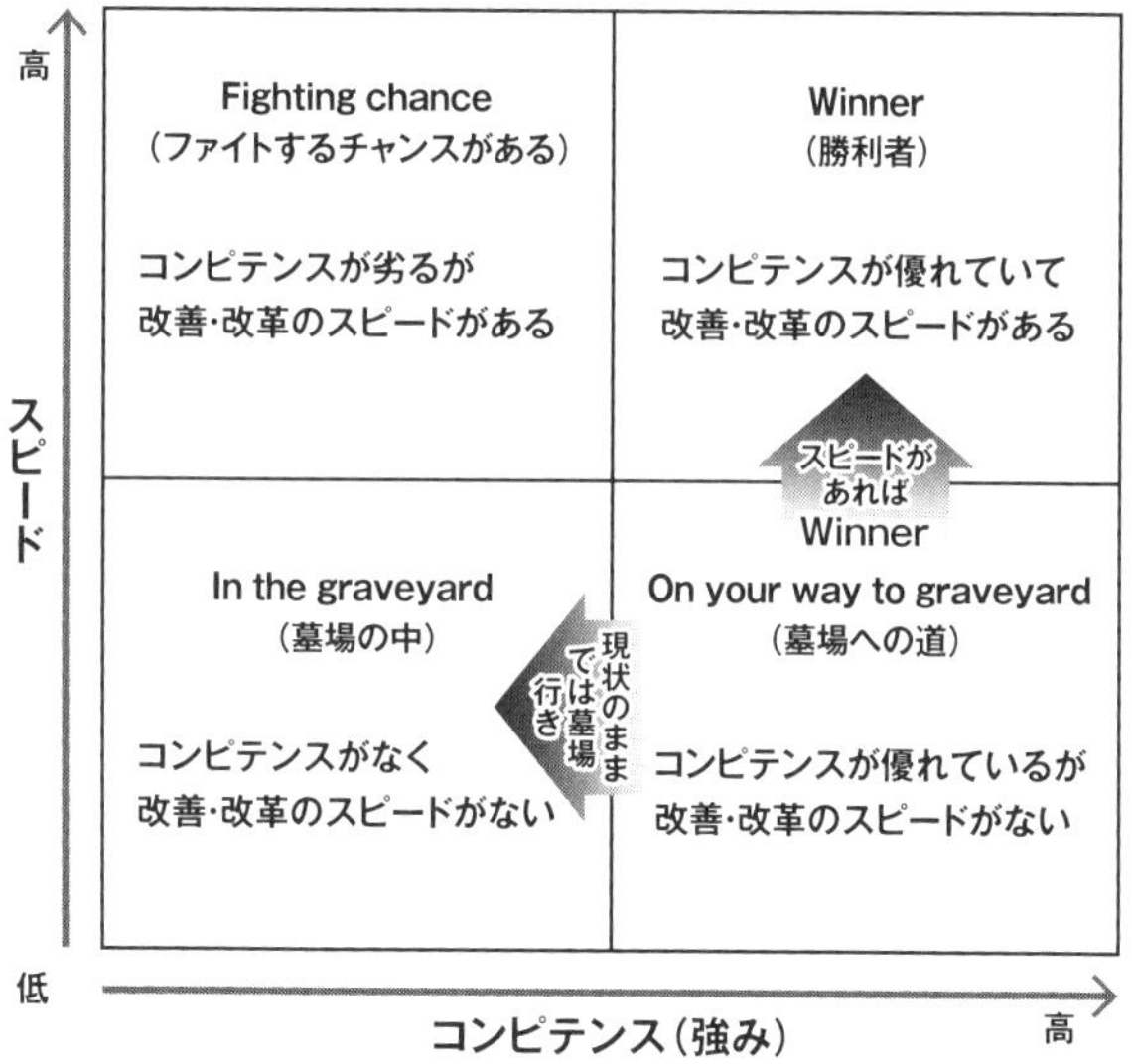
高
スピード
低
Fighting chance
（ファイトするチャンスがある）
コンピテンスが劣るが
改善・改革のスピードがある
Winner
（勝利者）
コンピテンスが優れていて
改善・改革のスピードがある
スピードがあれば Winner
In the graveyard
（墓場の中）
コンピテンスがなく
改善・改革のスピードがない
現状のままでは墓場行き
On your way to graveyard
（墓場への道）
コンピテンスが優れているが
改善・改革のスピードがない
コンピテンス（強み）
高

前ページの図表で、右上に位置するのが〝Winner〟(勝利者)と呼ばれる企業である。右下の〝On your way to graveyard〟とは「墓場への道」という意味だ。優れたコンピテンスはあっても、変化のスピードが遅い企業は右下に位置する。経営資源を持っているにもかかわらず、変化についていけず競争に敗れる、宝の持ち腐れ型の企業である。

老舗企業、地方の名門企業にはこの型が散見される。

宝の持ち腐れ型企業は、トップが変わることで大きく変わる可能性がある。左上に位置する企業は、コンピテンスはないが、変化のスピードはあるというタイプだ。発展途上の若いベンチャー型企業はこの位置にいることが多い。〝Fighting chance〟すなわち「闘うチャンスがある」ということだ。

左下に位置する企業は、極めて残念な状態にある。コンピテンスもなければスピードもない。こういう企業はすでに棺おけに両足を突っ込んだ状態といえる。右下の企業は墓場への道を進んでいるが、左下の企業はすでに墓場の中にいる。

コンピテンスを一朝一夕で獲得することはできないが、スピードはトップ次第で格段に上げることができる。トップは自社が左下に位置しそうな気配を感じたら、直ちに左上にシフトするための手立てを施すべきである。

それができるのがトップの力である。

朝令暮改の力

スポーツの世界ではＳＡＱ（スピード、アジリティ、クイックネスの頭文字）という3つの速さが求められるようだが、企業にははＳＡＮ（スピード、アジリティ、ニンブルネス）が必要なのである。

ＳＡＮで最も身近で顕著な例は何か。それは朝令暮改である。

朝令暮改は悪い意味で使われることが多いが、変化の激しい現代の企業では正しい朝令暮改はトップの必要条件でさえある。むしろ朝令暮改のできないトップは、トップ失格とさえいえよう。

朝令暮改で最も肝心なのが〝説明責任〟だ。変わることを躊躇する必要はないが、なぜ変わるのか、どう変わるのか、その結果どうなるのか、これらについて社員に対して納得いく説明ができるか否かが、トップの真の朝令暮改の力を決定づける。

説明しても納得がなければ、社員は動かない。そこで力を発揮するのが理念である。理念を実現するための変更であることを、社員が理解すれば自ずと納得は得られる。理念を共有する社員は、朝令暮改に対しても能力が高いのである。

THE POWER OF 7

47

BRUSH UP YOURSELF

言ったとおりに歩く力

言ったとおりに歩くとは、英語では〝Walk The Talk〟と言う。日本語でいう有言実行であり、言行一致である。知行合一という言い方もある。言ったとおりに実行する人は信頼され、信用される人である。

反対に言うだけで実行の伴わない有言不実行という人は、周囲から信用もされなければ、信頼もされない。そして、成果も上げられない。

言ったとおりに歩く力とは、周囲から信用と信頼を勝ち取る力のことである。

それだけではない。何ごとかを宣言して、そのとおりに行動することには、結果の成功率を高める効果もある。宣言（パブリック・コミットメント）を行ってから行動に移す有言実行型の場合と、黙って行動する不言実行型の場合では、有言実行型のほうがよい結果が出る傾向がある。

周囲に「私は煙草を止めます」と公に約束すれば、止めざるを得ない状態に自分自身を追い込むことになる。やらざるを得ない状況に自分を追い込むことで、実行が強く動機づけられる。成果とは、例外なく実行の結果である。

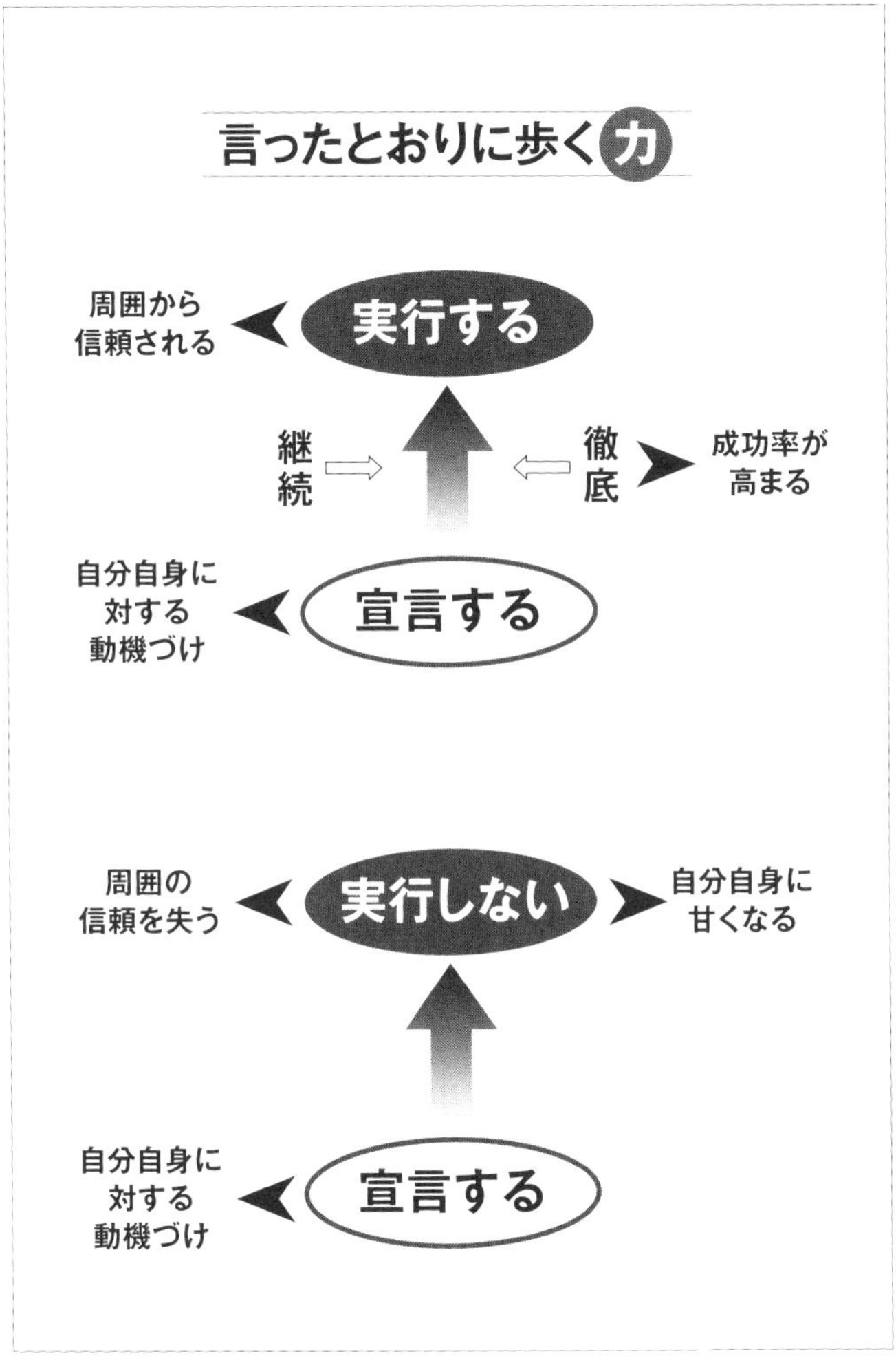
言ったとおりに歩く力
周囲から
信頼される
実行する
継続
徹底
成功率が
高まる
自分自身に
対する
動機づけ
宣言する
周囲の
信頼を失う
実行しない
自分自身に
甘くなる
自分自身に
対する
動機づけ
宣言する

言ったとおりに歩くといっても、実際にはそれほど簡単ではない。〝Walk The Talk〟は、徹底と継続がなければその効果が発揮されないからだ。

「これをやります」と宣言してから、1週間くらいは誰でも実行するが、時間が経つに従って実行率が落ちてくる。ちょっとでも手を抜けば、公に約束したことだけにその反動も大きい。たちまち口だけの人、言うだけで実行が伴わない人と烙印《らくいん》を押されてしまう。

普段立派なことを言っている人が、陰で不正を働いていたという場合と同じ扱いをされてしまうのである。

これではかえって逆効果だ。したがって、言ったとおりに歩く〝Walk The Talk〟を実行するには、途中で挫折しないこと、徹底して継続することがもっとも肝心なのである。

では、どうすればよいだろうか。途中で挫折せずに、言ったとおりに歩くことを実行するためには、言い続けることも1つの方法である。

ビッグマウス（Big Mouth）で自分を鼓舞した人たち

すでに触れたとおり、パブリック・コミットメントで自分自身を奮い立たせた経営者は多い。何度も紹介している本田宗一郎氏はその代表格だろう。

ＩＴ業界のトップを突っ走るソフトバンクの孫社長も、ときに大風呂敷と思われるような巨大な構想をぶち上げ、必ずできると豪語して今日に至っている。日本の産業社会の黎明期《れいめいき》である明治時代の事業家にも、パブリック・コメントが目立つ。渋沢栄一然り、岩崎弥太郎然りである。

本田宗一郎氏とは別の本田だが、サッカー日本代表の本田圭佑選手はビッグマウスで有名だ。だが、彼が自ら大口を叩いていたのは、自分を追い込むことで結果につなげるためだったと最近になって述べている。

順風満帆のときのビッグマウスは誰でもできるが、逆風の中で、なおパブリック・コミットメントを声高に続けることはエネルギーを要する。

それでも途中で挫折しないのが、言ったとおりに歩く〝Walk The Talk〟の力だ。周囲の信用と信頼、そして実行の結果としての成功は、逆風に抗い、批判に耐えて、なお宣言をやめないことで得られる報酬である。

感性の力

感性とは正体の見えない力である。感性がある、あるいは感性がないというが、感性とは何かと問われるとなかなか答えづらい。

感性のよい人はセンスのよい人である。経営者に最も強く求められる資質は感性であり、センスである。古くは「ウォークマン」、近年では「iPhone」など、鋭い感性から生まれたヒット商品は多い。感性とは商人が「これだ！」というものを仕入れる力でもあり、技術者が新技術を発見・開発する力でもある。

既存の商品、システムの延長線上から脱皮するためには感性の力が必要となる。これまでにないものを売る、あるいは創るためには感性がなければできないということは、ビジネスパーソンであれば痛いほどわかっていることだろう。

ひと口には説明しづらい感性であるが、感性とはそれだけが独立して存在しているものではない。感性とは胆識プラス問題意識の複合体である。

世の中に原材料のない製品はない。同様に、感性の賜であるアイデアも、頭の中にインプットされていたものが、何かのきっかけでアウトプットされたものだ。

感性の力

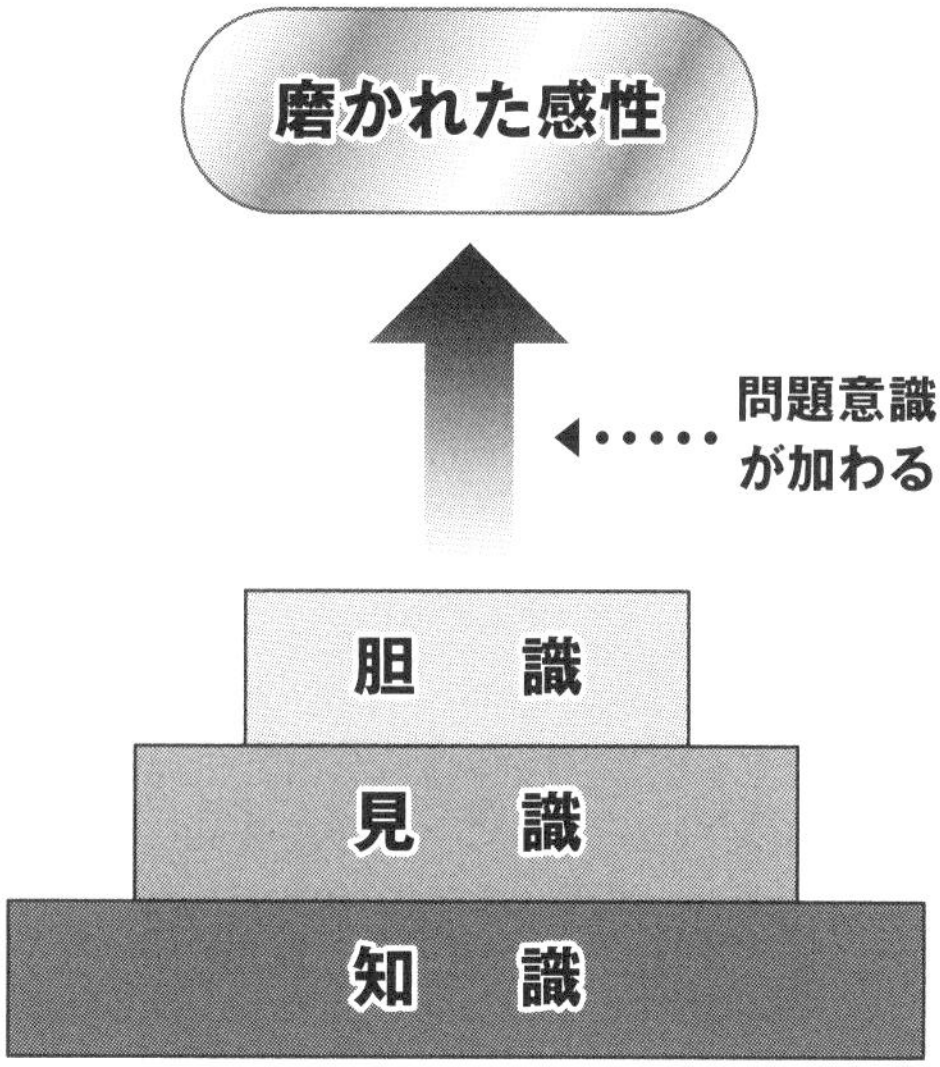

感性の原材料は胆識プラス問題意識だ。原材料のない人がいくら感性を磨こうとしても、肝心の磨くべき本体がないのだから、永遠に感性の力は得られない。感性を磨こうと思ったら、まずやるべきことは原材料を整えることである。

3つの「識」がある。知識、見識、胆識である。知識とは、人から聞いた話、本で読んだこと、新聞や雑誌、ネットで得た情報などである。学問的な知識もあれば、仕事のための専門知識もあるし、雑学の類も知識の1つだ。

見識とは、こうした知識に自分なりの考えを加えたものである。POV（Point of View）を持っているということだ。この見識に決断と実行が伴って胆識となる。

〝Knowing Doing Gap（知っていることと行うことのギャップ）〟という英語がある。いかに優れた見識を持っていても、実行が伴わなければ、その見識はないのと同じである。

知識、見識、胆識を三識という。この三識の中の胆識こそが感性のベースだ。感性のレベルを上げようと思ったら、胆識を培うことから始めなければならない。

しかし、感性を発揮するにはもう1つの要素が必要である。それが問題意識だ。胆識が感性の燃料だとすれば、問題意識は発火装置である。燃料が豊富でも発火装置がなければ感性の炎は燃え上がらない。

失敗作を大ヒット商品にした感性

スリーエム（3M）というアメリカの会社がある。デスクまわりに手軽に貼れるメモの「ポストイット」で有名なメーカーだ。

まだ小さな企業だった頃のスリーエムでは、接着剤の開発をしていた。ところが、できた製品は接着力が弱い。接着剤としては役に立たない代物だった。あるとき、スリーエムのメンバーの1人が自動車工場の塗装現場を仕事で訪れた。

そのとき、塗装の際にクルマに別の塗料がつかないように貼るマスキングテープが剥がれにくく、作業者が苦労していた。スリーエムのメンバーは「これだ！」と閃いた。役立たずの接着剤がヒット商品になると確信したのである。

剥がれやすいマスキングテープはスリーエムのヒット商品になり、それが「ポストイット」へと発展していったのである。役立たずの開発品がヒット商品となったのは、弱い接着剤をどうするかという強い問題意識がメンバーの頭から離れなかったからだ。

感性は、問題意識を持って物を見聴きすることで培われる。本物の感性とは生まれつきのセンスに加え、後天的な努力を継続した結果身につくものなのだ。

THE POWER of 49

BRUSH UP YOURSELF

捨てる力

経営とは、選択と集中が原則である。なぜなら、いかなる大会社といえども「我が社の経営資源は無尽蔵にあります」ということはないからだ。

限られた経営資源を適正に配分するのが、トップの腕の見せどころであるのはいうまでもないが、そこで肝心なのは「捨てる力」である。

「一利を興すは一害を除くに如かず。一事を殖《ふ》やすは一事を減らすに如かず」（耶律楚材《やりつそざい》・モンゴル帝国チンギス・ハンの側近）。優先順位を決めることよりも大事なのは、劣後順位を決めて実行する、すなわち捨てることにあるのだ。

ピーター・ドラッカーも「なすべきでないことの決定」が大事であることを指摘している。しかし、同時にそれが難しい決定であることも指摘している。

優先順位を決める場合、優先順位の下位にあるものは、後回しにするだけだが、捨てる順位を決定するということは、その上位にあるものは復活が困難ということを意味する。本当に捨ててよいのか、ほとんどの場合、そう簡単に決心できることではない。〝捨てること〟は〝選ぶこと〟よりも10倍の力仕事なのだ。

したがって、捨てる順位を決めるのには捨てる勇気が必要となるのだ。

捨てる力

― 劣後順位を決めるマトリックス ―

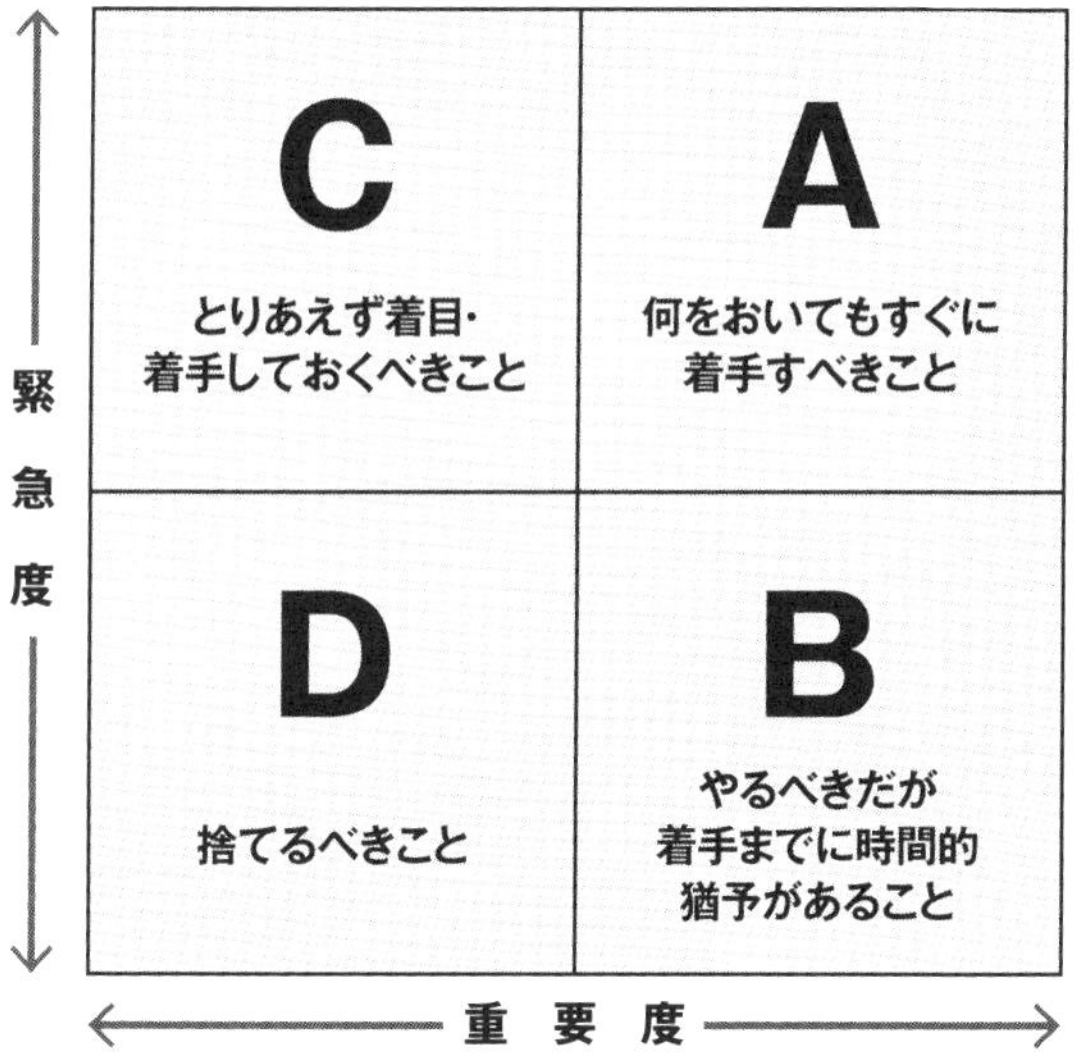

捨てる順位を決めるに当たっては、前ページのマトリックスを使うとよい。縦軸はその仕事の緊急度、横軸はその仕事の重要度である。

今すぐにやらなければ、会社の存続にかかわるというような仕事は、当然、緊急度も高く重要度も高い。我が社の持てる経営資源をすべて投入してでもやるべき仕事が、Aランクの仕事である。問答無用で実行するべき仕事だ。

Bランクの仕事の例としては、法制度が変わって対応を余儀なくされているが、施行までには若干の周知期間が設けられているというような、重要度は高いが緊急度は低い仕事である。重要だが、時間に余裕があるためBランクとなる。

また、近くまで来たからと、突然来社されたお客さまへの対応など、放っておくことはできないが、それほど重要度の高くないことはCランクのとりあえず着手・着目しておくべきことに相当する仕事だ。

そして、緊急度も低ければ、重要度も低いというDランクの仕事が、捨てるべき仕事である。このマトリックスに当てはめれば、捨てる決心はつきやすい。

緊急度と重要度というマトリックスの他にも、捨てるべきことの物差しになる基準がある。それが、無駄なことか、無理なことかではかる方法である。この2つの条件のうち、どちらかに該当するものは、即刻やめたほうがよい。たとえば、過労死事件で問題視されるようになった残業は無理という基準に当てはまる。

無駄な時間を生み出す3Kを捨てよ

私はこれまでずっと、社長、社外取締役という立場から、カイギ（会議）、カミ（紙＝資料・決裁書類、報告書等々）、コミッテー（委員会）の3Kを減らすよう社内に働きかけてきた。

コミッティーについては、ジョン・F・ケネディ元大統領の「コミッティーとは1人で決めることができることを12人で話し合う場である」という、一寸皮肉な言葉が核心をついている。3Kを捨てることで残業時間は大幅に削減できる。実際に、残業を半減させて利益を倍増させたSCSKという会社の例もある。

3Kを捨てるためには肝心なことがある。それはトップが「恐れ」と「迷い」を捨てることだ。トップに「捨てる力」がない会社は、現場にも不要不急な案件がいつまでも宙ぶらりんになったまま存在し、社員の力が分散され本来やるべきことに集中できていない。

これでは、結果が出るほうが不思議といえる。

第7章 社会に貢献する力

THE POWER of 7

CHAPTER 7
“SOCIAL CONTRIBUTION”

THE POWER of 7 50

CSRの力

株式会社は公共的（パブリック）な存在である。企業の社会的責任のことをCSR〝Corporate Social Responsibility〟という。では、企業が責任を持つべき相手である社会とは何だろうか。社会を構成するのは、顧客であり、社員であり、仕入先や販売先、銀行などの取引先であり、株主であり、地域社会である。つまり、社会とは企業のステークホルダー（利害関係者）によって成り立っている。したがって、私はCSRを企業の社会的責任と呼ぶのは間違いだと考えている。正しくはすべての企業のステークホルダーに対する責任がCSRの本当の意味だ。本当のCSRとは〝Corporate Stakeholder Responsibility〟なのである。

企業は誰のものかという疑問がある。所有権からいえば株主のものだ。一方、企業は誰のためのものかとなると、答えはみんなのためのものである。みんなとはすべてのステークホルダーを意味する。CSRを企業のステークホルダーに対する責任と解釈することによって、次の責任感が生まれてくる。それは企業をつぶしてはいけないという、トップにとって最も肝心な責任感である。

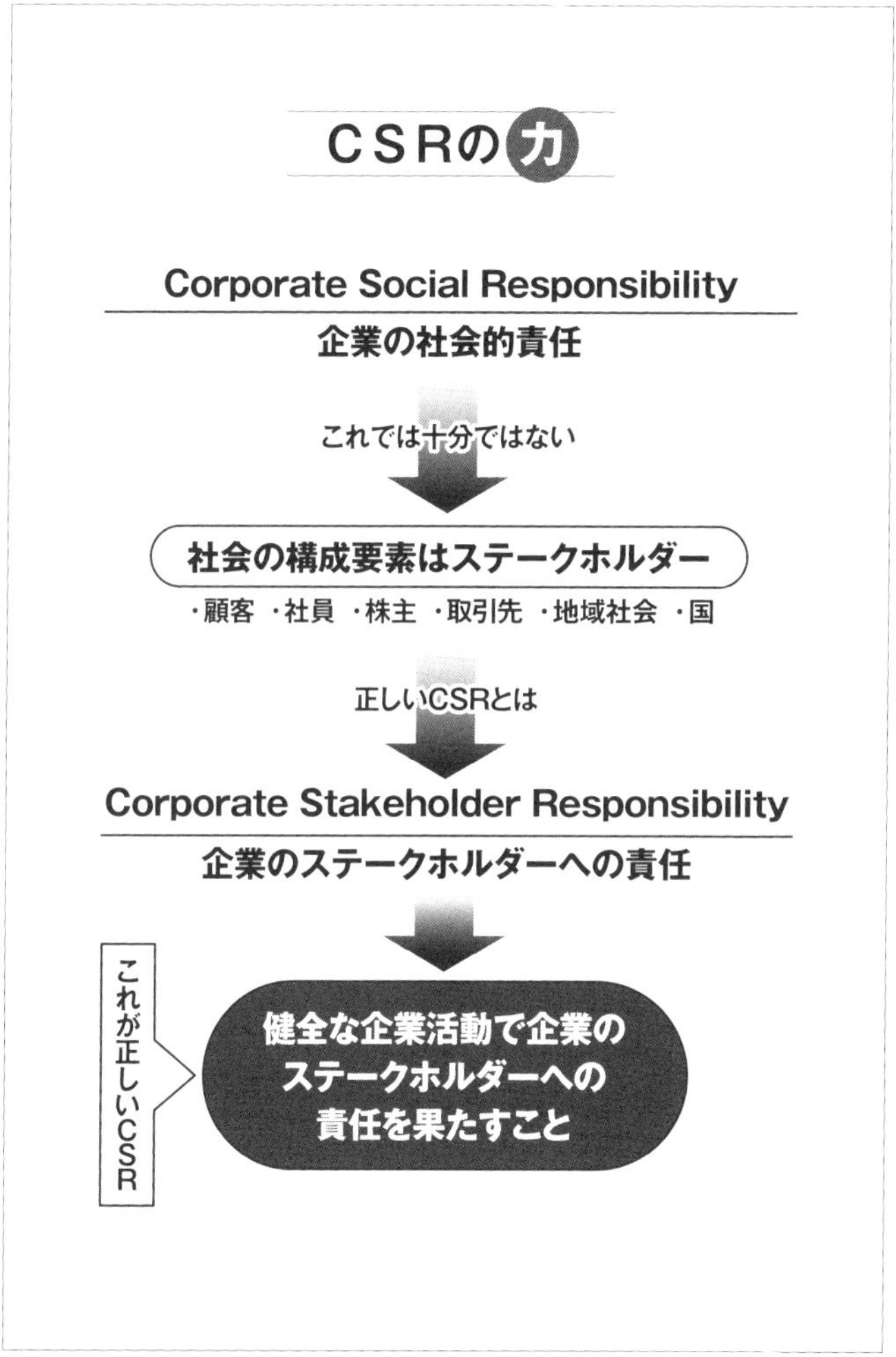
CSRの力
Corporate Social Responsibility
企業の社会的責任
これでは十分ではない
社会の構成要素はステークホルダー
・顧客 ・社員 ・株主 ・取引先 ・地域社会 ・国
正しいCSRとは
Corporate Stakeholder Responsibility
企業のステークホルダーへの責任
これが正しいCSR
健全な企業活動で企業のステークホルダーへの責任を果たすこと

企業をつぶさないという意味には2つある。1つは生き残りである。とりあえず企業はつぶれずに生き残っているが、成長はすでに止まりかろうじて延命している状態だ。いわば長命企業である。それでも企業をつぶすよりはましだ。

もう1つは勝ち残りである。活力を維持し、依然として成長を続け繁栄している企業が勝ち残る企業だ。一流のトップが目指すべきは、無論後者である。後者の企業は、いわば長寿企業である。経営者の責任とは、長命企業ではなく長寿企業を創ることだ。

サスティナビリティの条件

持続可能性のことをサスティナビリティという。企業にはサスティナビリティが必要である。では、サスティナビリティを持つために必要なことは何か。必要なことは次の3つである。

①経営に長期的視点があること——短期で経営が成り立たなければ、長期はあり得ない。短期は大事だ。しかし、短期優先の経営ではバランスを欠く。短期が長期を駆逐するようでは、サスティナビリティのある企業とはいえない。

②ステークホルダー全員に対する目配り、気配り、心配りがあること——株主

を満足させるために社員を犠牲にする、業績を上げるために地域社会への迷惑を顧みない、または利益を確保するために仕入先に無理な値引きを要求する。こうしたいずれかのステークスホルダーに偏《かたよ》った姿勢では、サスティナビリティのある企業とはいえない。

③株主基盤が長期的志向の投資家であること――短期の利益を追求して売り買いを繰り返す株主は、投資家（〝Investor〟）ではなく投機家（〝Speculator〟）である。企業にとって中枢となるべき株主は、長期的な企業の発展に期待して企業に投資する投資家が望ましい。よい企業ほど投資家の比率が高い。

以上3つの条件を満たすことがサスティナビリティのある企業といえる。

こうした条件を満たす商売のあり方を日本では、古くから「三方よし」といった。三方よしとは、売り手よし、買い手よし、世間よしの3つのよしが基本だ。この三方よしこそ、真のCSRだと私は考えている。

CSRというアメリカからの借り物に頼らなくても、日本には二百年も前から続く三方よしという商人道があるのだ。三方よしは、世界に誇るべき日本のビジネス文化である。これを実現しようとすれば、自ずとサスティナビリティの3条件に行き着く。CSRの力とは、すなわち三方よしの力といってもよい。

THE POWER of 51

役立つ力

SOCIAL CONTRIBUTION

「男はタフでなければ生きていけない。やさしくなければ生きていく資格がない」

作家レイモンド・チャンドラーの小説『プレイバック』の中で、主人公が口にする有名なセリフである。これを企業に置き換えるとこうなる。

「会社は儲けなければ生きていけない。役に立たなければ生きていく資格がない」

儲けられない企業では命が続かない。しかし、企業とはパブリック（公共的）な存在だ。企業には、ステークホルダーと社会に対する責任がある。社会に貢献しない企業では生きていく資格に欠ける。

生きていく資格に欠ける企業では、仮に儲けが出ていても長生きはできない。企業がサステイナビリティ（持続可能性）のある存在となるためには、儲けとともに社会に役立つという使命を果たす必要があるのだ。では、何をもって社会に役立てばよいかということになる。

慈善事業（チャリティー）か、奉仕活動か、寄付か。

役立つ力

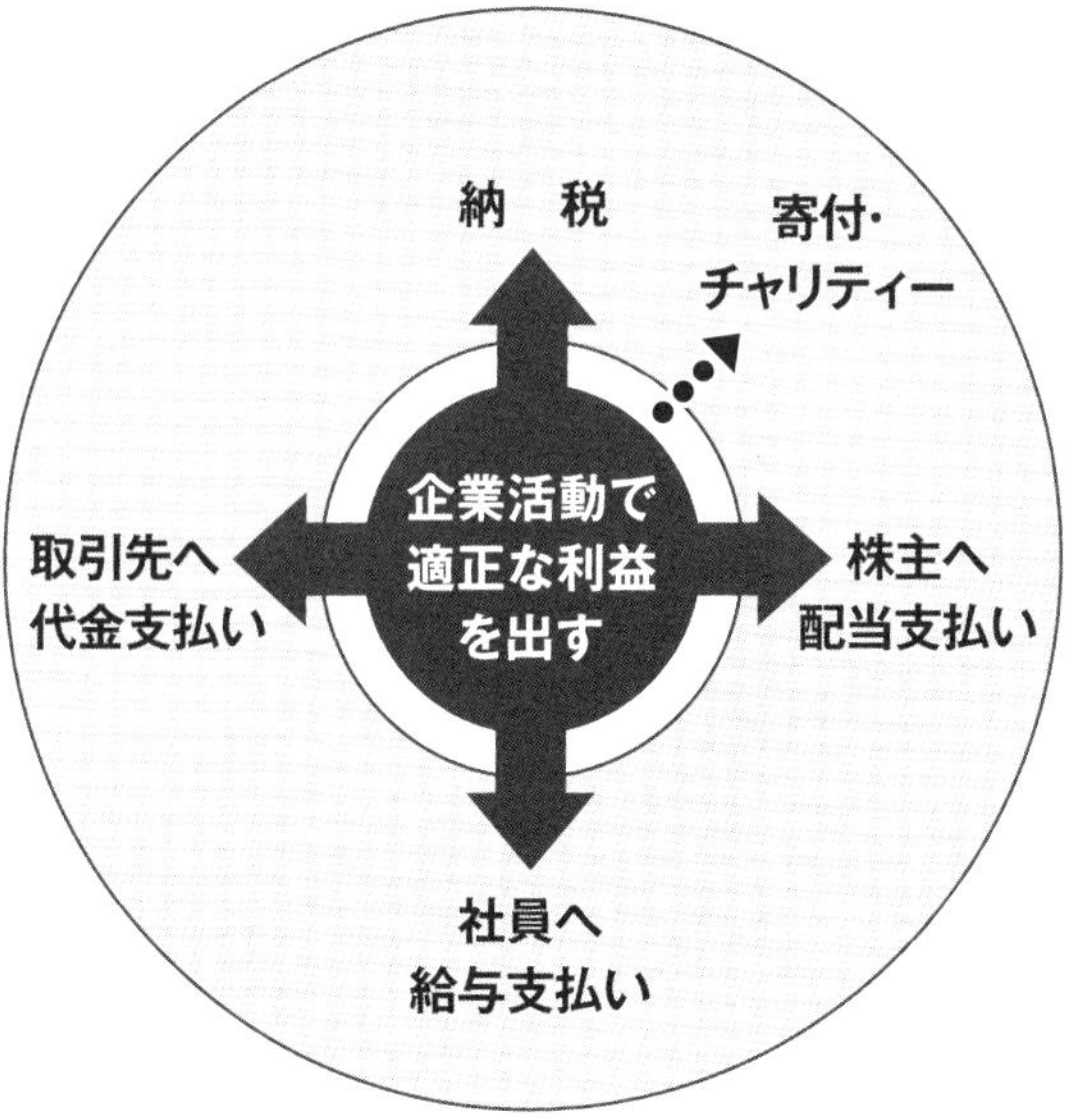

私は企業の社会貢献とは、正しいビジネスで妥当な利益を上げて、適正な税金を収めることだと考えている。それが最も基本的で健全な企業の社会貢献である。

業績は赤字で税金を払わない、または払えない。しかし社会貢献は積極的に行うというのでは本末転倒（"Putting the cart before the horse"）だ。社会貢献の前にビジネスできちんと利益を出し、適正に納税することが正しい社会貢献である。会社が妥当な利益を出していなければ、社員に給与を支払えないし、取引先にきちんと代金を支払うこともできない。ステークホルダーに迷惑をかけて、社会にだけ貢献するということなどあり得ないことだ。

社会に貢献する目的で創業された企業

日本にも社会の役に立つことを目的に創業された企業は多い。

有名なのは、ＴＤＫの創業者・齋藤憲三だろう。齋藤は、故郷秋田の貧しい農村の生活を事業によって助けるべく、何度か事業を起こしては失敗を重ねていた。それでも齋藤の志は揺るがなかった。

あるとき、齋藤は知人のつてで、電気化学の分野で特許を持っている東京工業大学の加藤与五郎博士と出会い、博士の発明品であるフェライトの製造を決意する。齋藤の熱意と志に打たれた加藤博士は、無償でフェライトの特許を譲ることとし事業はスタート。社名を東京電気化学工業（現ＴＤＫ）とした。

東京という名が示すとおり、創業の地は東京である。

齋藤の故郷の寒村に事業をという志は、戦後まで待たなければならなかった。戦後のエレクトロニクス時代の到来とともに会社は成長し、齋藤は悲願だった故郷秋田の寒村に製造拠点を設けることになる。

農業中心の村落は冬場の産業がない。そのため、農村出身の起業家が故郷の村に事業を起こす目的で創業するケースは少なくない。事業を起こすことによって、雇用と納税で地域社会に貢献するのだ。

役に立つ力とは、社会に貢献するのみならず、個人に貢献する力でもある。

個人の役に立つ力の１つに、サポートする力がある。では、サポートするとは具体的にはどういうことだろうか。ここが意外にあいまいな人は多い。

サポートするとは、相手に付加価値を提供することだ。その人の考えていなかったプラスアルファを提供して、はじめてサポートできたと言える。

役立つ力、サポートする力とは志だけではなく、実力を必要とするのである。

THE POWER of 52

SOCIAL CONTRIBUTION

ダイバーシティの力

異なる文化が出合うとき、新しいビジネスが生まれる。近年のビジネスが加速度的にグローバル化していることは、誰の目にも明らかだ。

ビジネスの土俵が地球化しているのである。中国語では、グローバル化を「全球化」という。グローバル化はダイバーシティ（多様化）を生む。人種、宗教、価値観の異なる人々が社内でともに働く傾向が日増しに高まっている。

経営もまた多様化している。日本経済は外国からの観光客（インバウンド）による影響を無視して語ることはできない。ダイバーシティ（多様化）は、今日の企業にとって避けては通れない道だ。

かつてトヨタの人事責任者が「御社（トヨタ）の社員の特徴は何ですか」という私の問いに対して、「みんな金太郎飴です」と言ったことがある。従来の日本企業の人材は画一的で均質ということが特徴であった。

金太郎飴型人材とは、金太郎飴がどこを切っても同じ顔が出てくるように、どの社員も同じ考え方で行動様式も同じであるということだ。

ダイバーシティの力

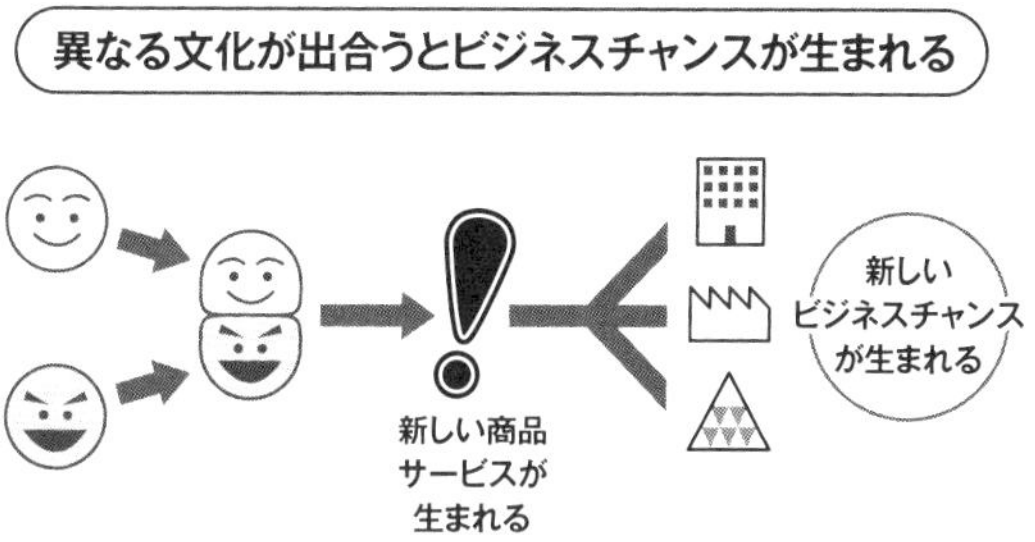
異なる文化が出合うとビジネスチャンスが生まれる
新しい商品
サービスが
生まれる
新しい
ビジネスチャンス
が生まれる

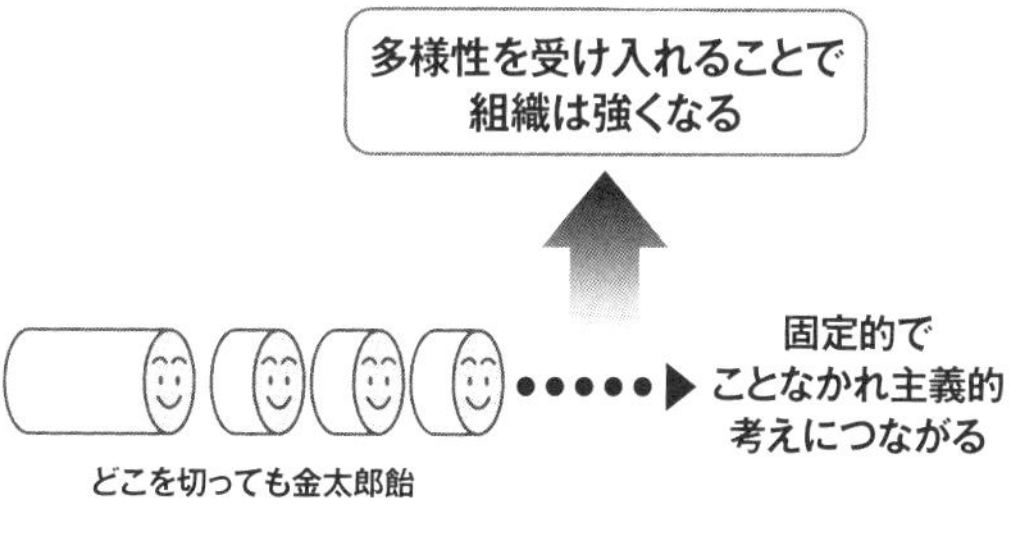
多様性を受け入れることで
組織は強くなる
固定的で
ことなかれ主義的
考えにつながる
どこを切っても金太郎飴

日本では変わり者という呼称は、概してよい意味では使われない。変わり者、即はぐれ者というイメージがある。日本でいうところの変わった人は、英語で言えば“Weird”という表現である。

しかし、変わった人を指す英語は、一般的には“Unique”だ。欧米では変わった人は特徴ある個性や独自性の持ち主のことであり、悪い意味の変人ではない。欧米企業が、変わった人、ユニークな人材を尊重するのに対し、古いタイプの日本企業は依然として画一性、均質性を求め、周囲と異なる変わった人を排除しようとする傾向にあるのは否めない。

結論からいえば画一的、均質的組織は弱い。組織を強くするには、異質な存在が必要なのである。同じ型にはまった環境からは、同じ考えしか出てこない。男だけ、あるいは女だけという組織から、男も女も、若者も老人もいる、さらには異なる国の出身者もいて、それぞれがそれぞれの立場で活躍できる組織がこれからの組織である。こうした組織のダイバーシティ化はトップが旗を掲げてやらなければ誰もできない。多様化の力とは正にトップの力なのである。

異文化との遭遇はビジネスチャンスを生む

ダイバーシティの力とは、異なる文化を受け入れて自らの力とすることだ。違いを受け入れることがダイバーシティの原則である。

違いを受け入れることによって企業は大きく成長する。そこには刺激や摩擦や相乗効果が生じ、違いを受け入れることは、付加価値の創造につながる。

明治維新で日本は、それまで外国との交流を（一部の例外を除けば）封鎖していた鎖国制度に終止符を打った。開国によって、それまで見たこともない異質の外国文化が堰を切ったように日本へ流入してきた。その結果、明治日本には新しい産業が生まれた。パルプチップによる製紙業、家内工業だった繊維づくりや機織りが、大規模機械設備を持った工場で行われるようになった。

農業でもそれまで日本にはなかった酪農が始まり、新しい食文化も誕生した。官営ではあったが製鉄業も始まり、石炭鉱山、鉄鉱山、セメント鉱山などの鉱業が大きく成長することになったのも明治時代である。古河市兵衛の古河財閥、別子銅山の住友財閥などの財閥もこの時期に事業を始めている。

ダイバーシティは危機（クライシス）ではなく、好機（チャンス）なのだ。

受け入れる力

英語にはＮＩＨ（Not Invented Here）という表現がある。我が社（我が部門）で考えたものではなく、他社（他者）が考えたものだから、受け入れを拒否するという狭量《きょうりょう》的な考え方のことである。

異見を受け入れることによって、組織も、トップも成長の機会を得る。トップと組織が成長するということは、そこで働く社員も成長するということだ。よって受け入れる力は、企業にとっても重要な力といえる。

福岡藩（黒田藩）の藩祖・黒田官兵衛は、豊臣秀吉の軍師として活躍した人である。時代が豊臣から徳川に移っても黒田家は幕末まで何百年と続いた。その礎《いしずえ》となったのが、黒田官兵衛が主宰し、以後受け継がれた「異見会」であるといわれる。

異見会とは、藩の下級武士も含めた家臣一同が集まって、藩政について意見を述べ合うという会である。毎月1回、定期的に行われていたという。

異見会を始めたときは、世の中が戦乱から抜け出し、やっと平和になりかけた

受け入れる力
●組織品質が上がる
●社員品質が上がる
●変化対応力が上がる
●トップの人望が上がる
●危険回避力が上がる
得られるもの
●トップの人間力　●物言う社員　●情報(バッドニュース)
●助言者・忠告者・諫言者　●多様なアイデア
異見
トップが
異見・諫言を受け入れる
諫言

時代である。

これからは戦場の勇気より治世の智慧が重要となる。官兵衛は時代をそう読んだ。1人の叡智《えいち》よりも衆知《しゅうち》を集めることで、新しい時代を乗り切ろうとした。

異見会は、藩主に耳の痛いことを言う会だ。そのため、官兵衛はあえて意見ではなく異見という文字を使った。物申す会なのである。

こんな場面もあったという。官兵衛が「その話はわかっている」と話を遮ろうとする。すると、家臣から「そこが殿の悪い癖、人の話は最後まで聞かねば！殿が知らないことがあるやも知れず」と反論が返ってくる。

しかし、異見会とは身分に関わりなく物申す場なので、藩主である官兵衛といえども反論は認めなければならない。それどころか歓迎して奨励しなければならない。トップたる者、異見に耳を傾けることができないようではイケンのだ。

あえて異見を受け入れる効果

黒田官兵衛は、頭のよすぎる藩主であった。頭のよすぎる藩主は、家臣が何を言っても一枚上手である。そのため家臣は物が言いづらい。だが、もの言わぬ家臣ではイエスマンばかりとなる。それでは、藩主に耳の痛い情報が入ってこなくなる。

お世辞や阿諛追従《あゆついしょう》ばかりを聞いていては、いかに官兵衛といえども藩政の舵取りを誤りかねない。そこに危機感を覚えたため、厳しい身分制度の時代に、あえて自由に物を言う場を設けたのである。

イワシは生命力の弱い魚だという。獲ったイワシは漁船が港に戻る前に死んでしまう。ところが、ある漁師の獲ったイワシだけは、港に着いてもぴちぴちと生きていた。彼の船の生簀《いけす》には、イワシの中に1匹のナマズが混じっていた。イワシの集団は、彼らにとって異質な存在であるナマズの存在に刺激を受け、緊張感によって生命回路にスイッチが入ったのだ。

異見を受け入れることの意味は、イワシの群れにナマズを入れることなのだ。日本の社会は、予定調和社会である。企業にも、その傾向が強く表れている。緩んだ組織では生命力が落ちる。あえて異質な意見の持ち主を受け入れることの効果は、組織を動揺させ元気を吹き込むためである。

では、異見を受け入れる組織をつくるために必要なことは何か。それはトップにとって耳の痛いことであっても、黙って受け入れることである。自ら異見を受け入れる力を示して見せねば、社員や部下が受け入れる力を発揮することはない。

コンプライアンスの力

先述したとおり、企業とは社会的な存在である。法治国家に存在する以上、企業はその国の法令を遵守することが最低の基準だ。

法令遵守のことを一般的に〝Compliance（コンプライアンス）〟といっている。しかし、法令を守ることは当然のことだ。そんな当然のことまで改めて言わなければならないほど、日本の企業は無法状態なのだろうか。


確かにニュースでは、法の目をかいくぐってビジネスをしているような企業の話が頻繁に出てくる。

しかし、もはやお客をだまし、監督当局、司法当局を出し抜いて利益を上げることが手柄話となるような時代ではない。法令に違反しなければ何をしてもよいというのは、コンプライアンスではない。

法令の精神を汲み取り、法令の精神に反しないよう自らを律することがコンプライアンスである。

セクハラやパワハラは違法だが、セクハラやパワハラを容認し、改善を訴える

コンプライアンスの力

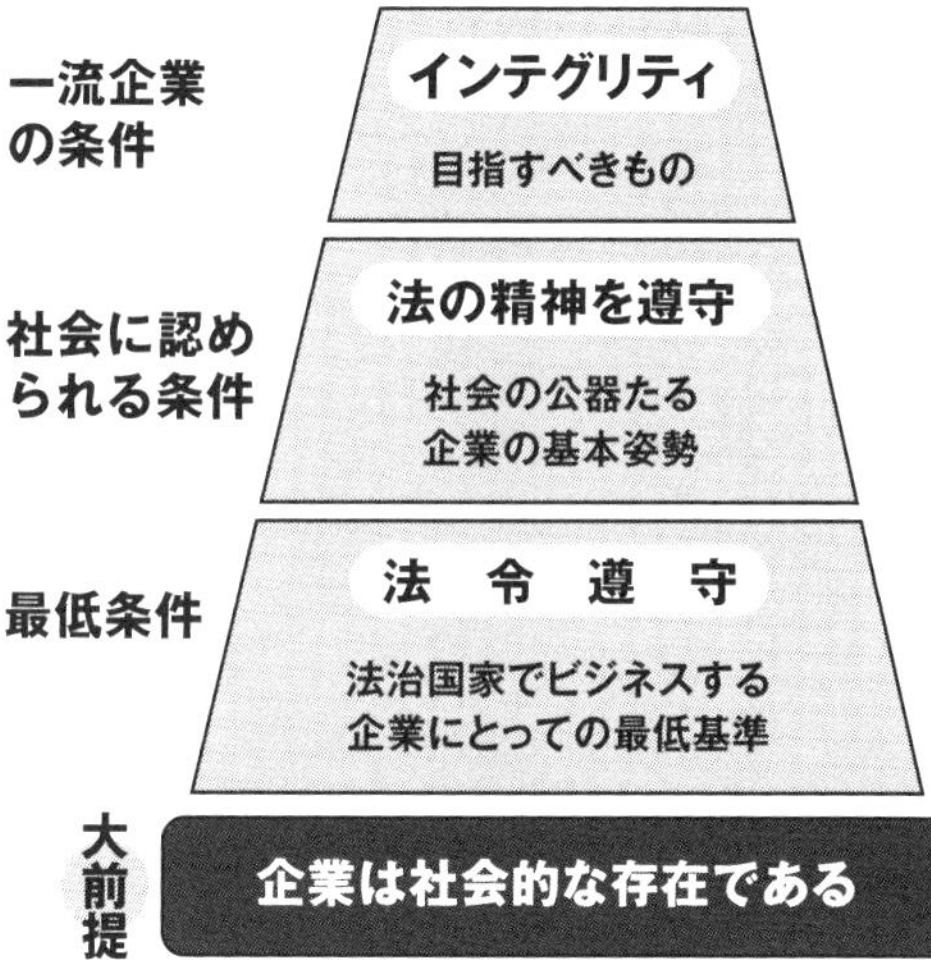
一流企業の条件
インテグリティ
目指すべきもの
社会に認められる条件
法の精神を遵守
社会の公器たる企業の基本姿勢
最低条件
法　令　遵　守
法治国家でビジネスする企業にとっての最低基準
大前提
企業は社会的な存在である

社員に対して暗黙の圧力をかけるような企業は、明確な法令違反ではなくとも、間違いなく法の精神に反している。法の精神とは、社会が許せる限界でもある。

企業にとってコンプライアンスを守ることは最低の条件である。コンプライアンスを守るという条件をクリアする上に、道徳的、社会通念的にいかがわしいことには決して手を出さないという条件も必要となる。「天知る、地知る、己知る」と、どの切り口、どの角度から見られても恥ずかしくない企業だけが一流の企業なのだ。

社員を幸せにする力

自発的な残業は、法令違反ではない。しかし、自発的な残業を強いるという矛盾した表現がはびこる職場は、コンプライアンスに違反していると同時に道義にも反している。

コンプライアンスを罰則逃れとしか考えない人は、それが自発的であったとしても、残業がもたらす負の部分から目をそらしている。自発的な残業を強いる企業は、決して社員を幸せにはしない。社員を幸せにしない会社が、お客さまや取引先や社会を幸せにすることはない。

前述したＳＣＳＫという会社がある。大手ＩＴ企業である同社の社員も、やはり業界特有の長時間残業をしていた。深夜はもとより早朝まで続く残業で家に帰れず、社員たちは職場で一夜を明かしていた。

社長は、これでは社員の健康も家族の幸福もあったものではないと、思い切った改革に取り組んだ。目標は残業の半減である。

この改革に対しては、当初、社内から異論が噴出した。システムエンジニアの仕事は残業、徹夜が当たり前、お客からの急な変更要求やトラブルに応えるためには、残業、徹夜で乗り切るしかないというのが、業界の常識だったのだ。

もう１つ、残業が減れば収入も減るという問題も切実だった。

しかし、社長は業界の常識よりも社員の幸福を優先した。社長の強力なリーダーシップによって、ＳＣＳＫの残業半減プロジェクトはスタート。仕事の見直し、不必要な業務や会議を減らし、有給休暇の取得を奨励した。残業が減ることで収入が減った社員には、その分を補填した。

結果、全体の残業時間は半減し、有給休暇の取得実績が年間12日から18・7日へ増加、さらにこの間、営業利益も飛躍的に増えたのである。

社員の幸福の追求が、企業の業績アップとなって返ってきたのだ。

THE POWER of 7 55

SOCIAL CONTRIBUTION

社会から支援される力

企業ブランドとは、企業における社会からの信用と信頼の証である。

企業が健全なビジネスを通して、社会に必要な商品・サービスを提供し、税金を支払い社会に利益の一部を還元する。また、雇用を生み、従業員に適正な給与を支払い、仕入先をはじめとする取引先とも健全なビジネスを行う。

そして株主にも適正な配当を支払うという活動を続けることで、企業は社会から信用と信頼を寄せられる存在となる。

これは企業規模の大小によって変わることではない。大企業でも、中小企業でも、正しい経営を続けていれば社会から信用・信頼され、間違った経営をしていれば、社会から追放されることになる。

もしも社会的な信用・信頼を失えば、どんな強力なブランドでも一瞬で命を絶たれてしまう。

一方、社会も正しい経営を続けてきた企業に対しては、救いの手を差し伸べることがある。では、両者の違いはどこにあるのだろうか。

徳には余熱があるという。孟子《もうし》の言葉だが、過去の経営者が築いた信用と信頼

社会から支援される力

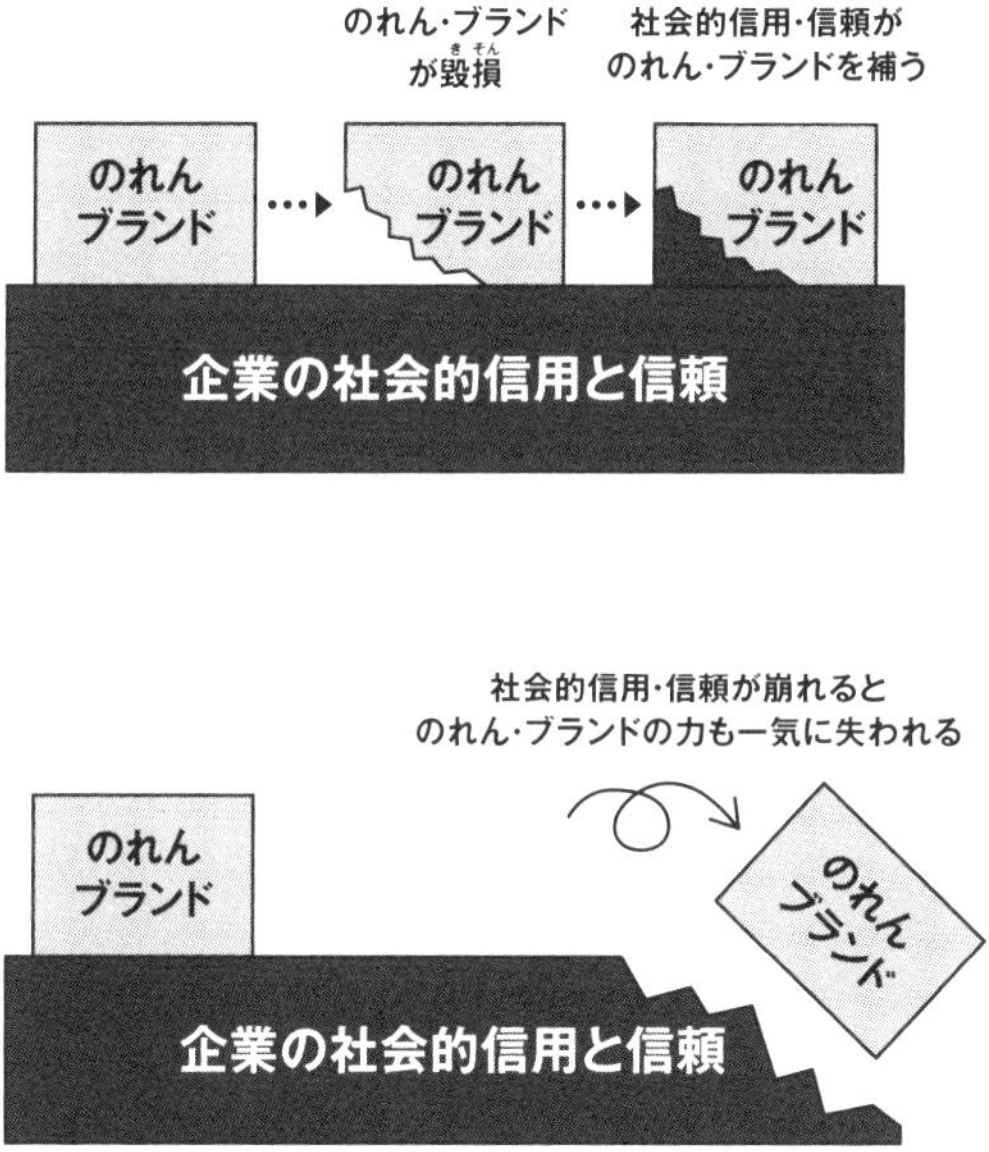
のれん・ブランド
が毀損《きそん》
社会的信用・信頼が
のれん・ブランドを補う
のれん
ブランド
のれん
ブランド
のれん
ブランド
企業の社会的信用と信頼
社会的信用・信頼が崩れると
のれん・ブランドの力も一気に失われる
のれん
ブランド
のれん
ブランド
企業の社会的信用と信頼

には余熱効果があり、現在の経営者が仮に経営を誤ったとしても、余熱効果でしばらくは社会からの信用と信頼が猶予《ゆうよ》されるという意味だ。過去に築いた信用と信頼は、決して過去のものではなく、未来に遺す資産でもある。

世界的な企業でも一瞬で倒産

２０１７年の最も大きな倒産の一例は、自動車エアバッグメーカーのタカタであろう。正しくは民事再生だが、経営が立ち行かなくなったという事実は大きい。世界のエアバッグ市場の20％を占めるといわれる大企業といえども、社会からレッドカードを突きつけられれば、たちどころにその命を失ってしまう。

企業ブランドは社会的な信用・信頼という基盤の上に立っている。

タカタは押しも押されぬブランドだった。だが、社会的信用と信頼という基盤が毀損すれば、一瞬で崩れ落ちてしまう。どんなに優れた技術をもった企業でも、この会社でなければダメだという分野は、この世にほとんど存在しない。

東芝はぎりぎりのところで踏みとどまっているように見えるが、社会的な信用・信頼を失えば、百数十年かけて営々と築いた信頼も、３日で崩壊することになる。「築城3年、落城1日」なのである。

その一方で、不祥事を起こした後に立ち直った企業もある。たとえば伊勢の名物「赤福餅」のメーカー・赤福と、北海道のおみやげナンバーワン「白い恋人」のメーカー・石屋製菓がそうだ。

「赤福餅」は、伊勢神宮と切り離して考えることができない。「白い恋人」も北海道という地域があっての菓子だ。それぞれに個性の強い商品だが、代わりがない商品ではない。しかし、地域との一体感は他の商品よりも抜きん出ている。


食品不祥事を起こした企業には倒産したケースも少なくない。

経営破綻《はたん》した代表例は雪印だろう。不二家も経営危機に陥り、山崎製パンの傘下に入ることで生き延びた。両社は赤福、石屋製菓に比べ大企業である。しかし、両社は赤福、石屋製菓のような地域との一体感はなかった。

地域社会は赤福、石屋製菓には救いの手を差し伸べたが、雪印、不二家に対しては差し伸べなかった。赤福には、地元の伊勢神宮の商店街の復興に力を尽くしてきた経緯がある。石屋製菓にも札幌ブランドを築くことに長く貢献してきた実績があった。

社会貢献は、結果として企業を救う大きな因子となり得るのである。

おわりに

トップに求められる力は、時代とともに変わる。

また、企業が置かれた環境によっても変化し、企業の成長とともにトップに求められる力も自ずから変わっていく。変幻自在である。

つまり、トップに求められる力とは、未来永劫固定されたものではない。

経営のメソッド（手法）やテクノロジー（技術）は、好むと好まざるとにかかわらず時代とともに変化し、急速に発展することが目に見えている。

同時に、ビジネスシーンでも「人」が行っていた仕事の領域に、ＳＮＳやＩＴ、ＡＩなどがどんどんと進出をしている。

それが企業経営にどのようなベネフィットやプラスを生み出すかは未知数だが、企業がそうした現在と未来の変化に対応しなければ、時代の波に取り残され、敗北者《ルーザー》になることは火を見るよりも明らかだ。

だからこそ、トップはいまの力を常にレベルアップさせるとともに、新しい力の獲得にも気を配っておく必要がある。

トップに求められる力にも新陳代謝がある。トップが新しい力を取り入れるという意識と行動を忘れたとき、企業は破滅の道を歩み始める。

では、新しいものを取り入れるために、トップが変わらず実行し続けるべきことは何か。それは好奇心、探究心、冒険心を失わず、問題意識を持って広く世界を観ることである。

目で見るだけでなく、五感で感じ、第六感で観ることが必要だ。瑞々《みずみず》しい感性（センス）はトップにとって必須の宝である。

いまテクノロジーの革新によって、ビジネスそのものが大きく変わろうとしている。今日の我が社は過去の実績である。過去の実績は未来の成果に結びついて、はじめて輝きを放つ。

本書で取り上げたトップの力を梃子《てこ》として、輝かしい会社創りと自分創りを実現してほしい。

それが本書の結びに当たっての、私の心からの願いである。

経営者が絶対に「するべきこと」「してはいけないこと」

新 将命 著

◉ISBN 978-4-434-21564-3
◉定価：本体1600円＋税

真に競争力のある〝強い会社〟になる「経営の原理原則」を網羅した1冊!!

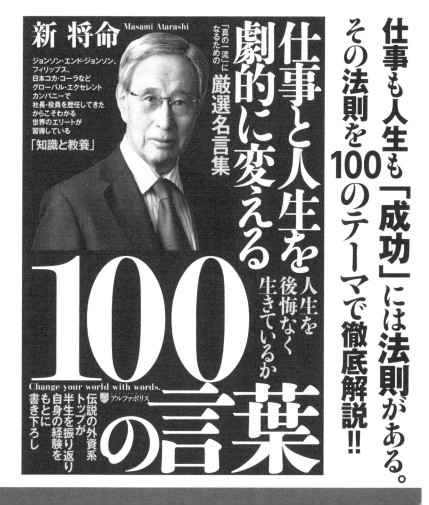

他人力のリーダーシップ論

新 将命 著

◉ISBN 978-4-434-22678-6
◉定価：本体1500円＋税

他人を自らの意思で動かすのが「他人力」。
リーダーに本当に求められるのはこの能力だ!!

【著者紹介】

新 将命（あたらし　まさみ）

株式会社国際ビジネスブレイン代表取締役社長。

1936年東京生まれ。早稲田大学卒。シェル石油、日本コカ・コーラ、ジョンソン・エンド・ジョンソン、フィリップスなどグローバル・エクセレント・カンパニー6社で社長職を3社、副社長職を1社経験。2003年から2011年3月まで住友商事株式会社のアドバイザリー・ボード・メンバー。2014年7月より株式会社ティーガイアを含む数社の非常勤取締役を務め、「伝説の外資系トップ」と称される日本のビジネスリーダー。

主な著書に『経営者が絶対に「するべきこと」「してはいけないこと」』『仕事と人生を劇的に変える100の言葉』『他人力のリーダーシップ論』（いずれもアルファポリス）、『経営の教科書』『王道経営―勝ち残る企業だけがやっていること』（いずれもダイヤモンド社）などがある。

メールアドレス：atarashi-m@sepia.plala.or.jp

自分と会社を成長させる７つの力《パワー》

新　将命 著

2017年 9月 30日初版発行

編　集－原　康明
編集長－太田鉄平
発行者－梶本雄介
発行所－株式会社アルファポリス
〒150-6005 東京都渋谷区恵比寿4-20-3 恵比寿ｶﾞｰﾃﾞﾝﾌﾟﾚｲｽﾀﾜｰ5F
TEL 03-6277-1601（営業）03-6277-1602（編集）
URL http://www.alphapolis.co.jp/
発売元－株式会社星雲社
〒112-0012東京都文京区大塚3-21-10
TEL 03-3947-1021
装丁・中面デザイン－ansyyqdesign
印刷－中央精版印刷株式会社

価格はカバーに表示されてあります。
落丁乱丁の場合はアルファポリスまでご連絡ください。
送料は小社負担でお取り替えします。

ISBN 978-4-434-23781-2 C0034